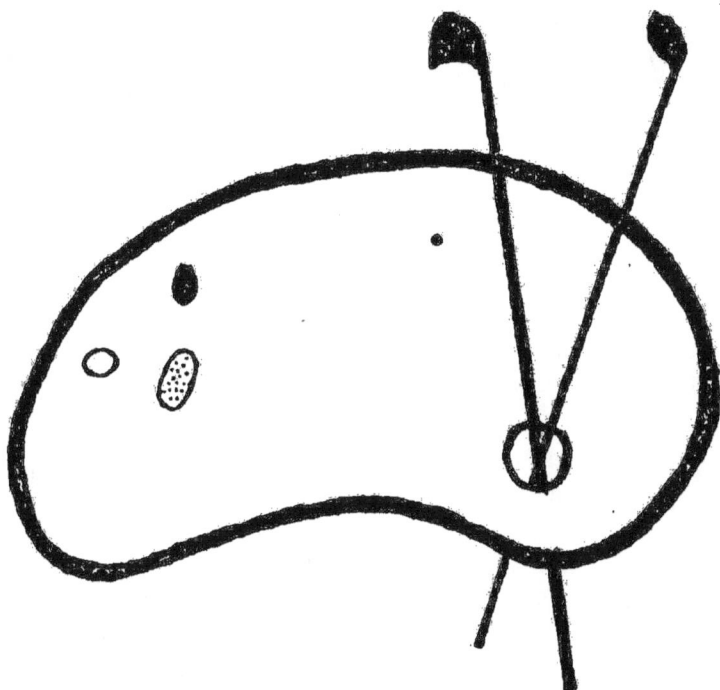

DEBUT D'UNE SERIE DE DOCUMENTS
EN COULEUR

ISCHIA

SOUVENIRS DE JEUNESSE

PAR

E. PELAGAUD

> La mer Méditerranée est ma mer,
> je ne vis que sur ses bords, elle
> m'apporte vie et pensée.
>
> (LAMARTINE, *Correspondance*,
> Lettre CCLXVI.

LYON

IMPRIMERIE DU SALUT PUBLIC

BELLON, RUE DE LYON, 33.

—

1876

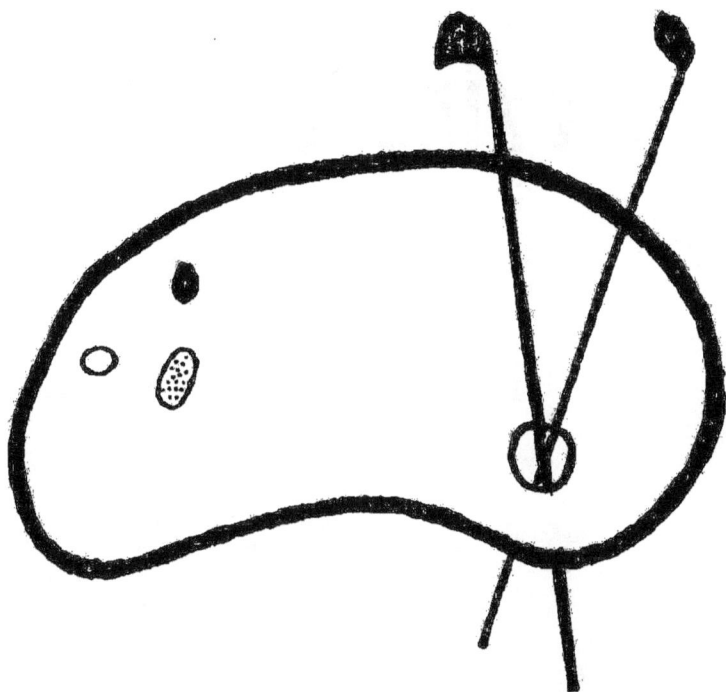

FIN D'UNE SERIE DE DOCUMENTS
EN COULEUR

ISCHIA

SOUVENIRS DE JEUNESSE

PAR

E. PÉLAGAUD

La mer Méditerranée est ma mer ;
je ne vis que sur ses bords; elle
m'apporte vie et pensée.

(LAMARTINE, *Correspondance*,
Lettre ccclxvi).

LYON
IMPRIMERIE DU SALUT PUBLIC
BELLON, RUE DE LYON, 33.
—
1876

ISCHIA

SOUVENIRS DE JEUNESSE

PREMIÈRE PARTIE

> La mer Méditerranée est ma mer ;
> je ne vis que sur ses bords ; elle
> m'apporte vie et pensée.
>
> (LAMARTINE, *Correspondance*,
> Lettre CCCLXVI.)

I

Dans les dernières années du second Empire, il s'était créé à la Faculté des lettres de Lyon un petit centre d'études sérieuses autour duquel se trouvaient réunis une vingtaine d'étudiants de divers âges, qui commerçaient à former comme le premier noyau d'une université allemande ou anglaise.

L'usage n'est guère en France que les facultés des lettres et des sciences donnent un enseignement technique et précis à de véritables étudiants. Un public très-mêlé et très-peu travailleur y vient d'ordinaire entendre des exercices oratoires sur des sujets philosophiques et littéraires; mais personne n'y cherche des leçons méthodiques et suivies. Ce système, excellent pour répandre dans les masses une teinte générale d'instruction, est absolument incapable de former des savants ou même des hommes sérieusement instruits, comme on en compte tant chez nos voisins d'outre-Manche; on peut dire avec raison que nous n'avons pas, en France, d'enseignement supérieur organisé pour les branches spéculatives des sciences qui ne font pas immédiatement partie du droit, de la médecine ou de l'art de l'ingénieur.

Frappés de l'infériorité dans laquelle ce vice d'organisation laissait forcément la jeunesse française, quelques-uns des professeurs de la Faculté des lettres de Lyon s'étaient entendus pour remédier à cet état de choses, autant du moins qu'il est possible de le faire lorsqu'on en est réduit aux seules forces de l'initiative privée. Ces messieurs avaient élargi le cadre des *conférences pour la licence* prescrites par les règlements universitaires pour les maîtres répétiteurs des lycées, en y admettant tous les étudiants de bonne volonté et en y faisant entrer à peu près toutes les branches de cette science si vaste que l'on comprenait autrefois sous la désignation générale de belles-lettres. Le but avoué de ces études était la conquête du diplôme de licencié ès-lettres ; leur utilité véritable consistait à élever assez le niveau intellectuel des jeunes gens qui s'y livraient pour qu'ils prissent goût aux travaux littéraires, pour qu'ils en pussent apprécier les intimes et profondes jouissances et continuassent ensuite à acquérir par eux-mêmes un fonds solide d'instruction, au lieu de laisser là livres et papiers pour consumer niaisement les heures inoccupées de leur jeunesse à tourner autour des billards enfumés d'un café ou à dépouiller de leurs hôtes emplumés les buissons et les haies de nos campagnes.

Une chose sérieusement voulue par des hommes de cœur et d'action est toujours obtenue. Après quelques années d'efforts, le succès de ces conférences littéraires devint très-grand ; succès d'autant plus remarquable qu'il ne s'agissait pas là d'une entreprise dans laquelle la mode ou l'engoûment eussent la moindre influence, mais d'une œuvre de travail sérieux et patient ; puis cet essai de création d'une université locale se passait à Lyon, dans la moins littéraire des villes de France, dans celle dont les forces vives sont le plus absolument et le plus complètement absorbées par le commerce et l'industrie auxquels elle doit sa grandeur, sinon son existence elle-même.

Peu à peu, les auditeurs libres vinrent s'ajouter aux maîtres répétiteurs du lycée, élèves obligés de cet enseignement. On ouvrit des cours supplémentaires d'histoire, de philosophie, de littérature technique et de linguistique, grammaire et philologie comparées, l'une des plus belles conquêtes de la science au XIX⁰ siècle. Bref, lorsque la construction de l'aile orientale du Palais-Saint-Pierre vint donner aux facultés un local suffisant où leurs divers services purent s'installer à l'aise, la petite université lyonnaise comptait une trentaine d'étudiants appartenant à toutes les positions sociales, depuis l'humble professeur gagnant péniblement sa vie à courir le cachet, depuis le fils de famille cherchant une occupation utile aux heures oisives de sa jeunesse, jusqu'au jeune religieux dominicain qui se préparait au professorat dans les établissements de son ordre et devait plus tard échapper comme miraculeusement aux massacres d'Arcueil.

II

On se lie vite, quand on travaille chaque jour ensemble, quand on s'explique mutuellement à tour de rôle un texte de Pindare ou de Plaute et que l'on improvise au hasard une leçon sur un morceau de l'un des auteurs désignés au programme. Les distances sociales disparaissent devant la science, et bien souvent le fils du magistrat ou du financier, que son équipage venait attendre à la porte, restait court dans l'explication d'une phrase archaïque ou obscure qu'élucidait sans peine le jeune professeur mal vêtu, trottinant tout le jour, d'une leçon à l'autre, sous la pluie et dans la boue, pour préparer, la nuit, dans une mansarde sans feu, la composition du lendemain.

La plupart d'entre nous se retrouvaient chaque soir aux cours publics de la Faculté, où nous formions un noyau d'auditeurs sérieux au milieu d'une assistance fort peu lettrée en général, et qui ne venait guère là que comme à un spectacle gratuit; nous discutions ensuite dans d'interminables causeries les théories littéraires dont l'exposé nous avait frappés dans la leçon du professeur et qui nous passionnaient alors, — heureux temps! — comme plus tard les questions politiques, que nous ignorions encore, pour la plupart. Cet échange incessant d'idées et de travaux, cette communauté constante de pensées, cette émulation inconsciente faisaient naître entre nous des amitiés rapides que le temps et l'usure de la vie ne se sont que trop chargés de dénouer.

Quelques-uns, cependant, restaient rebelles à toute liaison. Dès les premiers jours de l'année scolaire, j'avais remarqué parmi nos camarades un grand jeune homme pâle qui se tenait obstinément à l'écart, dans une attitude mélancolique et presque farouche. Des cours du soir, il n'en manquait pas un; toujours le premier arrivé, il s'asseyait dans le même coin, au premier rang, tirait de sa poche un petit volume des classiques allemands, italiens ou anglais, et n'en détournait plus les yeux jusqu'à l'entrée du professeur, dont il sténographiait soigneusement les leçons. Aux conférences, il ne parlait jamais à ses camarades ; il semblait éviter leur contact sans affectation, mais avec une constante persévérance. On s'était habitué à cette originalité et on le laissait tranquille ; nous savions qu'il s'appelait Ernesti, — Raoul Ernesti, — qu'il logeait, — qu'il *perchait*, ce mot d'étudiant était cette fois de mise, — dans une mansarde du quai Saint-Antoine et qu'il gagnait sa vie à donner des leçons de grec et de latin à quelques jeunes gens de familles riches ; notre curiosité n'avait pas fouillé plus loin dans sa vie. Il était d'ailleurs parmi les premiers ; ses compositions ne lui attiraient presque jamais que des éloges, on le choisissait souvent pour faire la leçon ou l'explication du jour, et quoique cette tâche parût l'intimider au point d'embarrasser sa parole, il arrivait bien rarement qu'un mot archaïque, une forme anormale, une tournure difficile vînt l'arrêter. Il faisait, sous ce rapport, notre admiration à tous, et les professeurs le citaient fréquemment comme un modèle de travail et d'érudition aux étudiants qui préféraient d'autres charmes à ceux de la littérature grecque.

Un jour, on l'avait prié d'expliquer à haute voix, tandis que nous suivions sur le texte, un passage des *Choéphores* d'Eschyle, qu'exigeait cette année-là le programme de la licence. Pris à brûle-pourpoint, il ac-

cepta sans mot dire cette tâche ardue et se
mit à éclaircir comme en se jouant les obs-
curités presque inextricables dont fourmil-
lent les vers du vieil auteur. Le professeur
de littérature ancienne qui présidait ce jour-
là la conférence écoutait en souriant, visi-
blement satisfait, lorsque tout à coup, à la
lecture d'une phrase à laquelle pas un de
nous n'avait compris un traître mot, Raoul
se troubla, balbutia et resta court.

— Y a-t-il quelqu'un de vous, messieurs,
qui puisse donner l'explication de ce passage? interrogea le président.

Silence général.

— Comment, poursuivit le professeur,
vous ne vous servez donc que du vocabu-
laire classique, comme des écoliers, pour
que deux ou trois mots de forme archaïque
vous embarrassent tous? Aucun de vous ne
se donne donc la peine de feuilleter les
grands dictionnaires, le *Thesaurus* d'Es-
tienne, par exemple, qui devrait être votre
vade mecum !

— Un *vade mecum* un peu lourd, s'écria
l'un de nous, et que tout le monde n'est pas
en mesure de se procurer !

— C'est, en effet, un monument un peu
cher, reprit en souriant le professeur, mais
on va à la Bibliothèque.

— Malheureusement, dit Ernesti à voix
basse et triste, elle n'est pas ouverte aux
heures où je suis libre...

Il faut savoir qu'à cette époque, — peut-
être en est-il toujours de même aujourd'hui,
— la bibliothèque de la ville ne s'ouvrait,
pour la plus grande commodité de ses em-

ployés, que cinq ou six heures dans le milieu du jour, de manière à rester inaccessible pour tous ceux que leurs occupations
retenaient à ce moment-là.

La tristesse résignée de cette plainte me
toucha ; je me penchai vers lui :

— Si vous voulez étudier Eschyle, lui
dis-je, venez chez moi ; vous trouverez le
Thesaurus et quelques autres ouvrages qui
pourront vous être utiles.

Il me regarda interdit, comme épouvanté ;
puis, après un silence :

— Eh bien !... eh bien !... j'accepte... avec
reconnaissance, balbutia-t-il, et l'explication s'acheva sans autre incident.

III

Il vint le soir même et resta émerveillé
devant une collection d'auteurs grecs et latins et un choix assez complet d'ouvrages
récents sur la linguistique et l'archéologie.

— Mon Dieu ! me disait-il, est-il vrai que
vous me permettiez de fouiller dans tous ces
trésors, d'en user à mon aise ! Que pourrai-
je faire pour vous remercier ? C'est la vie de
l'intelligence que vous me donnez là !

— Mais comment donc ! répondis-je ; si
vous voulez, nous travaillerons ensemble ;
vous êtes beaucoup plus fort que moi et votre collaboration sera tout à mon avan-
tage...

Depuis lors, il revint chaque jour et perdit peu à peu avec moi sa sauvagerie et son humeur farouche. Une fois la glace bien rompue, il se montra d'une expansion d'autant plus grande, qu'il était plus réservé à l'ordinaire. J'appris bientôt, entre deux explications des *Captifs*, de Plaute, l'histoire de sa vie et les causes de sa morne tristesse. Il était fils d'un armateur de Marseille, sa jeunesse s'était passée dans l'opulence ; puis, les mauvais jours étaient venus, des sinistres successifs avaient ruiné l'imprudent négociant, qui s'était brûlé la cervelle dans un accès de désespoir ; son fils et sa veuve s'étaient enfuis jusqu'à Lyon d'où celle-ci était originaire et où elle espérait retrouver quelques appuis. Mais son attente avait été bientôt déçue ; ses dernières ressources s'étaient usées à patienter, ses dernières forces en démarches vaines et la pauvre femme, minée par sa douleur, n'avait pas tardé à suivre son mari dans la tombe.

Raoul était resté orphelin à vingt ans, sans autres ressources qu'une brillante instruction littéraire qui lui permettait d'aspirer à une position convenable dans l'Université, dès qu'il aurait conquis les diplômes nécessaires. Il se mit courageusement au travail, préparant ses examens tout en donnant, pour se procurer le pain quotidien, des leçons de grec et de latin à des jeunes gens de familles riches qui spéculaient avec l'esprit d'âpre économie inhérent à la population lyonnaise, sur sa position précaire pour ne rémunérer ses services que par des honoraires dérisoires.

Souvent il me racontait que telle ou telle
personne traînant équipage et laquais en livrée, l'avait « marchandé » jusqu'à lui offrir, pour des leçons à donner à son fils,
50 centimes à l'heure, — le salaire d'un
maçon ou d'un terrassier. Heureux encore,
me disait-il, de trouver, même à ce prix, le
moyen de ne pas mourir de faim. Aussi, me
savait-il un gré immense de lui fournir
pendant les longues soirées d'hiver un local
éclairé et chauffé pour travailler plus com-
modément que dans un grenier ouvert à
tous les vents, grenier qui n'avait, certes,
rien de commun avec celui que chantait autrefois Béranger et que surtout nulle Lise
ne venait poétiser de sa présence.

IV

Nous trouvâmes bientôt dans ces études
en commun un charme profond ; la littérature ainsi comprise, ainsi sérieusement et
ardemment fouillée chaque jour, finit par
devenir aussi absorbante qu'une maîtresse
aimée. Elle crée une vie intellectuelle dont
les impressions paraissent, à la longue,
aussi vives que celles de la vie réelle.

Cette double existence dans l'antiquité
grecque et latine était devenue une passion pour nous deux ; Raoul y apportait
toute la fougue d'une imagination d'artiste

et d'artiste méridional, presque italien. Ce
jeune homme, que nous connaissions aux
conférences pour un travailleur placide et
méthodique, au point d'avoir mérité de nos
camarades le sobriquet de « Tête d'Allemand », avait dans l'intimité des accès d'enthousiasme indicible pour une question
d'art, d'esthétique ou même d'archéologie;
il se sentait attiré vers les pays méridie-
naux comme par un aimant invincible et se
désespérait d'être attaché par la destinée aux
rivages brumeux de la *reine des Gaules*. Sa
famille, prétendait-il parfois en riant, descendait d'une tribu d'Etrusques, dont il
avait trouvé l'histoire dans un passage assez
obscur de Denys d'Halicarnasse, et il devait à ses ancêtres de leur restituer leur véritable rang dans l'histoire. Le rôle de
l'Etrurie, dans la civilisation italienne, avait
été méconnu jusqu'ici, grâce aux menson-
ges intéressés des historiens officiels de la
Rome conquérante; il serait heureux de
consacrer sa vie à la réhabilitation de ce
peuple asservi, puis calomnié par les guer-
riers barbares des bords du Tibre, mais qui,
parti l'un des premiers du plateau aryen de
l'Asie centrale, avait étendu sur toute l'Italie, dans la période préhistorique, l'influence de ses arts et de sa civilisation su-
périeure, comme le fit plus tard la Toscane
à l'époque de la Renaissance.

Que de fois, lorsque assis dans cette délicieuse oasis de verdure créée sur les escarpements de rochers abrupts qui bordent le
cours des Chartreux, nous regardions la
nuit descendre lentement dans le ciel et les

fumées de la grande ville s'élever en dentelles diaphanes sur l'horizon rouge des
premières soirées de printemps, que de fois
il murmurait à demi-voix, perdu dans une
rêverie mélancolique, le *lied* de Mignon, et,
me montrant de la main le Midi ouvert à
l'infini devant nous par-delà la grande ville,
ses fleuves, ses monuments, ses dômes et
ses clochers, il me répétait les premières
strophes du poète allemand : « C'est là,
c'est là, ô mon ami, que je voudrais vivre et
mourir !..... »

V

Cependant, l'époque des examens s'approchait. Décidé à en affronter la chance, —
c'etait une grosse question pour lui : cela
coûtait une centaine de francs, les écono-
mies de toute une année, — Raoul travail-
lait nuit et jour avec une fiévreuse ardeur.
On lui avait fait espérer, une fois son diplôme de licencié obtenu, une place de professeur dans un petit collége de Corse, une
position assurée, à l'abri de la misère, dans
un climat tempéré où sa santé épuisée par
un travail excessif et les brouillards glacés
de nos hivers pourrait se remettre des pri-
vations de tout genre qu'il endurait depuis
trois ans ; cette perspective prochaine le
remplissait de crainte et d'espérance.

— Et si je n'étais pas reçu ! me disait-il chaque fois que je l'exhortais à prendre quelque repos, quelque distraction.

— Mon Dieu ! que vous êtes enfant avec vos éternelles appréhensions ; vous êtes de beaucoup le plus fort de nous tous, nos professeurs vous citent constamment pour modèle, et vous tremblez comme un écolier qui *chauffe* son baccalauréat ! Que dirons-nous donc, alors, nous autres, si vous vous défiez ainsi de vous même ?

Enfin arriva le grand jour, ou plutôt les grands jours, car l'examen de licence dure la moitié d'une semaine : trois jours de compositions écrites, à la suite desquelles on peut être admis ou non à l'épreuve orale, qui termine l'examen. Raoul triompha vaillamment de ces premières épreuves ; son nom était en tête sur la liste des admissibles.

Le lendemain nous trouva tous réunis dans le petit amphithéâtre de la Faculté des lettres, où avait lieu l'épreuve orale ; quelques auditeurs clair-semés ; des parents, des amis des candidats ; un vieux monsieur à barbe blanche, couvert de décorations étrangères et que nous prîmes pour un inspecteur de l'Université en tournée.

A l'appel de son nom, Raoul se leva résolu, bien qu'une émotion poignante vînt lui étreindre le cœur : « Je vais monter à l'assaut, me dit-il en me quittant avec un triste sourire ; c'est ma vie qui va se décider là, car si j'échoue, ni ma santé ni ma bourse ne me permettront de recommencer...

L'examen oral de licence se composait, à cette époque, de l'explication de textes classiques pris au hasard. Raoul tomba sur l'Enéide et se mit à lire d'une voix ferme le magnifique début du sixième chant :

Sic fatur illacrimans classique immitit habenas
Et tandem Euboicis Cumarum allabitur oris, etc.

Allons, pensai-je ; le sort le favorise ; jamais candidat timide n'aura été interrogé sur passage plus facile.

— Monsieur, lui dit l'examinateur, une fois qu'il eut terminé sa lecture, pourriez-vous m'indiquer en quel état se trouvait le littoral de la Campanie à l'époque où Virgile suppose qu'Enée y vint consulter la Sibylle, quelles populations habitaient la ville de Cumes, sur quelles données historiques, en un mot, le poète a construit sa fiction ?

La question se compliquait et prenait des proportions inattendues.

Raoul répliqua vivement ; il démontra que dans le récit de Virgile tout était fable poétique, qu'à l'époque où vivait Enée, la ville de Chalcis en Eubée était à peine fondée, bien loin de pouvoir envoyer des colonies dans la grande Grèce ; que Cumes était une ville étrusque, un puissant foyer de civilisation toscane, n'ayant rien de commun avec la Grèce dont les expéditions, mentionnées par Scymmus de Chio et attribuées par ce poète aux Chalcidiens et aux Eubéens, vinrent ravager l'Hespérie et couvrir de ruines un pays florissant, au lieu de fonder des colonies prospères sur un sol encore vierge de la culture orientale.

Nous écoutions, stupéfaits, cette thèse hardie. L'examinateur la réfuta en quelques mots, à l'aide de nombreuses citations classiques. Mais Raoul n'en soutint qu'avec plus d'acharnement son système. Il démontra que les Étrusques avaient laissé partout leurs traces sur cette partie de la Campanie, traces visibles encore aujourd'hui jusque dans les noms modernes d'Ischia, de l'Epoméo et des principaux sommets de la grande île. D'après lui, il était facile de reconnaître, sous le manteau grec dont le poète avait affublé la Sibylle du Cumes et le mythe du lac Averne, les théories fondamentales du naturalisme étrusque, beaucoup plus élevé que l'anthropomorphisme mesquin des religions helléniques ; les Grecs en Italie, comme plus tard les Romains en Gaule étaient venus étouffer sous la force brutale de leurs hordes conquérantes une civilisation plus avancée et un idéal plus élevé que le leur. Ainsi se vérifiait une fois de plus cette belle remarque de Sénèque, que le progrès de l'humanité, bien loin de se développer d'une manière ininterrompue, ne procéde, au contraire, que par saccades, perdant quelquefois en un instant tout le terrain qu'il a mis de longues années à conquérir et semblable aux vagues de l'Océan qui sont animées à la marée montante d'un mouvement de fluctuation incessant.

Le vieux monsieur, que nous avions pris pour un inspecteur, s'approcha de moi et

me demanda à voix basse, avec un accent
italien prononcé, si Raoul était attaché à
l'Université.

— Non, lui dis je ; c'est un pauvre professeur libre, qui espère trouver quelque
jour, grâce au diplôme qu'il est en train de
conquérir, une position quelconque dans un
lycée de province.

— C'est un garçon de beaucoup de talent !

— Plus que vous ne pourriez le croire,
monsieur ; malheureusement, l'érudition ne
fait pas le bonheur... ni la fortune, comme
on chante dans le *Chalet*.

A ce moment, l'examinateur reprenait
son argumentation, défendant pied à pied
la tradition classique, et poussait si vivement Raoul, que le doyen crut devoir inter-
venir ; se penchant vers son collègue, il lui
dit avec un bon sourire :

— Bah ! laissez donc le candidat ; ce n'est
pas ici un concours d'agrégation ; il a fait
preuve de plus d'érudition qu'il n'est nécessaire ; d'ailleurs, qui pourrait dire que son
système ne sera pas celui des archéologues
de l'avenir ? Tout est possible, depuis que
les Allemands ont décrété qu'Homère était
une invention des anciens ; et puis, les
Etrusques, voyez vous, j'ai tant lu de disser-
tations germaniques sur leur origine et leur
histoire que je ne sais plus même s'ils ont
jamais existé !

Un éclat de rire général accueillit cette
saillie et l'appariteur appela un nouveau
candidat.

VI

J'allai au-devant de Raoul, qui rentrait dans l'amphithéâtre.

— Sortons, me dit-il, j'étouffe!

Une fois dans la galerie extérieure:

— Eh bien! s'écria-t-il, c'en est fait, cette fois! Vous avez entendu comme j'ai été absurde! Me voilà refusé et condamné pour toujours à traîner l'existence affreuse que je mène depuis trois ans!... Mon Dieu! mon Dieu!

— Mais pousserez vous donc jusqu'à la folie la défiance de vous-même? Vous ne voyez pas que vous êtes reçu, brillamment reçu; et vous vous désespérez quand je venais vous féliciter!

Il me regardait avec égarement.

— A quoi bon me tromper, me disait-il; je sais bien que je n'ai dit que des sottises; vous avez vu quelle impression elles ont produite sur ces messieurs! Me rendre quelque espérance, serait renouveler deux fois une déception cruelle... Mon beau rêve est fini... Et pourtant, c'aurait été si bon une situation tranquille au fond d'un petit collège..., la paix, la liberté, l'indépendance... et le pain de chaque jour assuré...

Je ne savais que dire pour le rassurer. Il se traînait découragé dans le grand corridor.

— Je ne veux plus rentrer dans cette salle, reprenait-il ; à quoi bon acquérir une preuve de plus de mon malheur?... Allons, adieu ; je pars.

Je m'efforçais de le retenir, lorsque le vieux monsieur qui m'avait parlé quelques instants auparavant entra dans la galerie et s'avançant gracieusement vers nous :

— Monsieur, dit-il en mauvais français à Raoul, je viens de causer avec le doyen, qui m'a fait les plus grands éloges de vous, et m'a dit que vous cherchiez une position universitaire qui vous permît de continuer vos études archéologiques, pour lesquelles vous me paraissez merveilleusement doué. Or, je suis *il conte commendatore Rettagliosi, Napoletano*; je suis propriétaire du terrain sur lequel on suppose que s'éleva jadis la ville de Cumes, et je serais désireux d'y faire pratiquer des fouilles pour en retrouver les vestiges et en déterminer la topographie exacte. Des motifs personnels ne me permettent pas de m'adresser à nos archéologues de Pompéi; j'aurais besoin cependant d'un jeune homme instruit, actif et intelligent pour diriger et surveiller les travaux, et j'allais à Paris solliciter l'autorisation nécessaire pour faire déléguer à cet effet un des pensionnaires de l'Ecole d'Athènes ou de Rome. Je me suis arrêté en passant à Lyon, pour voir mon vieil ami, le doyen de votre Faculté, et il m'a fait espérer que je n'aurais pas besoin de poursuivre mon voyage et que vous voudriez bien vous charger de diriger mes fouilles; ce n'est pas une position bien brillante que je puis vous

offrir ; il vous faudra habiter en pleine campagne, dans un petit désert, et je ne pourrai
pas trop dépenser pour votre traitement
cinq cents *lires* par mois, mais si vous aimez
la science, vous devez faire une ample mois-
son de découvertes intéressantes, et vous
pourrez vous livrer tout entier à vos études
favorites.

Raoul passa la main sur son front d'un
air égaré.

— Mon Dieu ! murmura-t-il, est-ce un
rêve ?... Puis, tout à coup, saisissant les
deux mains du comte Rettagliosi et les ser-
rant dans les siennes : Mais c'est le paradis
que vous ouvrez devant moi, monsieur, s'é-
cria-t-il, et ma vie que vous allez faire si
belle sera consacrée tout entière à vous
bénir !

A ce moment l'appariteur venait nous prévenir que l'examen oral était terminé. Nous
rentrâmes dans l'amphithéâtre, le cœur
palpitant, pour entendre le résultat de la dé-
libération du jury.

Inutile de dire que le nom de Raoul ouvrait avec éloges la liste des lauréats.

VII

Quelques jours après, Raoul partait pour
Naples, tout enivré de liberté, de rêves de
science, de fortune et de gloire, heureux

surtout d'aller habiter ce beau pays, que la
glace, la neige et les brouillards ne viennent jamais contaminer, heureux de se bai-
gner dans la lumière étincelante du soleil de
ces climats et de contempler l'infini de ces
horizons maritimes dont la vue lui rappelait ses plus chers souvenirs d'enfance.

Il m'écrivit fréquemment les premières semaines de son séjour sur les rivages de la
mer Tyrrhénienne ; bientôt ses lettres de-
vinrent plus rares, puis cessèrent définitivement. Retenu moi-même à Paris, vers
cette époque, je n'eus pas le loisir de me cha-
griner de cet oubli et m'en préoccupai d'autant moins que je devais prochainement partir pour l'Italie et que je comptais aller surprendre mon ancien camarade au milieu de
ses travaux, dont les revues napolitaines
m'apportaient de temps à autres d'excel-
lentes nouvelles.

Diverses circonstances retardèrent mon
voyage jusqu'à l'année suivante, et ce ne fut
qu'aux premiers jours du printemps que je
pus traverser les Alpes. Obligé de m'arrêter à Florence et à Rome, je pris, pour me
rendre dans cette dernière ville la ligne de
chemin de fer étrurienne, qui s'embranche,
comme l'on sait, à Foligno avec la ligne
d'Ancône. Le train direct de jour s'arrête
assez longtemps à cette bifurcation, pour
permettre aux voyageurs de déjeuner. Je
sortais du buffet et me promenais sur le
quai de la gare, en attendant la sonnerie du
départ, lorsque je vis arriver le train de
Rome qui devait se croiser avec nous et se
trouvait de quelques minutes en retard. Je

regardais distraitement les nouveaux arrivants descendre de voiture au milieu de la confusion accoutumée en pareille occurrence, lorsque mon attention fut attirée par une délicieuse jeune femme qu'un jeune homme aidait avec empressement à descendre d'un coupé. Sa haute stature, ses formes opulentes, sa carnation d'une chaude transparence, la nuance ardente de ses cheveux blonds qui tombaient en deux lourdes tresses sur ses épaules décélaient une fille des lagunes vénitiennes, tandis que la pureté sculpturale de son profil, sa petite bouche et ses yeux d'un bleu sombre semblaient indiquer une origine grecque. Tout entier à la contemplation de cette étrange beauté, je ne faisais aucune attention à son compagnon de voyage, lorsque je l'entendis pousser une rapide exclamation et le vis se précipiter vers moi, me saisir les mains et les serrer à les briser. C'était Raoul.

— Comment! Vous ici! s'écria-t-il. Et quand j'allais vous voir en France!

— Moi de même, à Naples où je vous croyais... Pourquoi ne m'avoir pas écrit! oublieux que vous êtes?

— En ai-je eu le loisir? mon Dieu! Tant de choses se sont passées, depuis six mois!...

Et comment vous dire tout cela, en cinq minutes que nous avons à rester ensemble! Moi qui espérais vous avoir de longues heures à Lyon... Ah! tenez, — et il courut prendre dans le vagon un rouleau de papier, — lisez cela ; c'est le récit de ma vie, jour par jour, heure par heure... Je vous le confie, à vous, mon meilleur, mon seul ami...

— Etes-vous heureux, au moins, maintenant, et votre sombre mélancolie, le dégoût de la vie qui vous minait jadis, est-ce passé?

— Oh! oui, bien passé, et pour jamais; je suis heureux, bien heureux; plus que je ne croyais qu'il fût possible de l'être en ce monde, me répondit il avec enthousiasme.

— Et vous retournez en France?

— Oui; je vais à Paris, faire mon voyage de noces; car, vous ne savez pas, je suis marié, et je comptais aller vous surprendre..... Mais que je vous présente ma femme!

Et se tournant vers sa compagne de voyage, qui se tenait un peu à l'écart, il la prit par la main:

— *Adorata mia*, lui dit-il, *il mio più caro amico, mio compagno di studii del quale vi ho tanto parlato.*

Puis se tournant vers moi:

— *La marchesa Guendalina di Lecco, mia moglie.*

La jeune femme me dit de cette voix profonde et tout à la fois d'une douceur enchanteresse qu'on n'entend qu'en Italie, quelques-unes de ces phrases affectueuses de bienvenue dont la langue de ce pays est si prodigue et qui nous font toujours une si étrange impression, à nous autres barbares du Nord, lorsque nous les entendons dans la bouche d'une femme. J'étais émerveillé, ébloui de tant de grâce et de beauté, et je balançai un instant à rebrousser chemin avec eux; mais la pensée de ceux qui m'attendaient le soir à Rome me rejeta dans mon vagon, au moment où le train se remettait en marche, salué par un affectueux :

— *A rivederci, caro signore, il più presto che ci sarà possibile !*

Une fois le train en route, je dépliai le manuscrit que Raoul m'avait donné et me mis à lire, sans souci des sauvages magnificences du paysage que nous traversions, les pages suivantes :

Marseille, août 1867.

Une soirée encore me reste avant le départ du paquebot qui doit me transporter au-delà des mers, vers cette porte de l'Orient que les chants de Lamartine et les mélodies de la *Muette* m'ont fait rêver si belle... Que vais-je trouver là-bas, sous ce ciel fécond où le génie humain s'épanouit sans effort, où la poésie s'exhale de toute chose comme l'haleine inconsciente de la nature entière ? Vais-je y traîner la chrysalide de mon âme, cet état de demi-sommeil, ces langes où mon intelligence emmaillotée se débat impuissante ? Ou bien, au contraire, les rayons ardents de ce soleil créateur, les merveilles de ces rivages où vint s'asseoir « tout ce qui fut grand dans le monde » vont-ils me faire naître à la vie, à la poésie, à l'amour ?...

Quoi qu'il en soit, c'est le cœur débordant d'une ardente espérance que je quitterai cette terre de France où ma vie fut si triste, si incolore et si morne. Et lorsque les dernières crètes des rochers de Provence disparaîtront entre le ciel et l'eau, il me semblera voir s'éloigner avec eux ce long cortége de souffrances, de déceptions et de tortures morales qui fut tout mon passé... Et pourtant, c'est à l'inconnu que je vais et bientôt, sur la rive étrangère, perdu dans un pays dont je balbutie à peine la langue, je trouverai peut-être un isolement pire encore que celui qui fut jadis ma part..., peut-être de nouveaux tourments, de nouvelles souffrances...

Bah! qu'importe! C'est là que me jette ma destinée, et il ne servirait à rien de craindre ou de gémir. Que la fatalité des vieux chants homériques, la déesse Atè, qui suit tout homme, pas à pas, en silence dans le chemin de la vie, se précipite de nouveau sur moi et m'écrase sous ses pieds ; elle ne me laissera pas plus meurtri et plus désolé que je ne le fus jadis, elle ne m'apprendra pas une crainte, une souffrance qui me soit inconnue et qui m'interdise de répéter, avec l'Electre d'Euripide, au début de la sombre tragédie d'Oreste : « Il n'est rien de ce qu'on appelle terrible, il n'est point de souffrance, il n'est point de malheur envoyé par les dieux dont la nature de l'homme ne supporte le poids ! »

Quelles émotions m'ont rappelées ces pays où je reviens après trois années d'une longue torture et qui me paraissent encore baignés du sang et du déshonneur de mon père! Il m'a semblé, en voyant surgir à l'horizon, puis disparaître en courant, les premiers oliviers rabougris qui escaladent une colline au bord de la voie ferrée, à quelques kilomètres de Montélimar, en apercevant les premières haies de cyprès élancés qui protégent du mistral les campagnes du Comtat, il m'a semblé que je voyais tout à coup apparaître devant moi toute ma jeunesse si calme, si facile, si pleine d'espérances et de promesses, et devant laquelle un voile noir s'est tout à coup étendu... Puis ces immenses plaines de la C---, où vécut Mireille, l'immortelle héroïne de notre grand *félibre* Mistral, et le ciel qui blanchit à l'horizon, et les longues bandes de nuages parallèles qui planent au-dessus de la Méditerrannée; l'étang de Berre, enfin, cet avant-coureur de la grande mer dont les flots jadis ont si souvent bercé mes rêveries d'enfant!... Et quand la locomotive déboucha en sifflant du long tunnel de la Nerthe; quand la mer m'apparut, ouverte à l'infini, devant moi, et Marseille assise au pied de ses collines, tous ces lieux où je fus si heureux jadis, une douleur affreuse est venue m'étreindre le cœur au souvenir d'autrefois et de ceux qui ne sont plus...

J'ai passé la journée enfermé dans une triste chambre d'auberge; je n'ai pas voulu revoir cette ville où j'aurais pu rencontrer à chaque pas tant d'amis des jours prospères que j'aurais peut être eu la suprême humiliation de voir détourner la tête à mon approche, pour éviter de reconnaître le fils d'un failli; je suis venu, sur le tard, prendre possession de ma petite cabine dans l'entrepont du *Général Abattucci*, à l'ancre près de ce

quai de la Joliette où se balançaient si gaîment jadis les navires de mon père. Seul, un
de nos vieux marins, qui flânait sur le port,
m'a reconnu au passage ; il est venu me
tendre silencieusement la main en essuyant
de son bonnet de laine une larme qui cou-
lait lentement sur sa joue basanée.....

Cet affectueux hommage d'un de ces vieux
serviteurs comme on n'en trouve plus, hélas ! qu'à la mer, m'a profondément ému ; je
quitterai moins triste ce pays où un sympathique souvenir est venu saluer mon passage.

En mer.

Le paquebot glisse depuis deux jours sur
cette mer d'un bleu profond d'où les battements de l'hélice font jaillir des gerbes de
saphirs et de perles. Déjà les montagnes de
l'Italie ont surgi du sein des flots et le soleil
s'est levé ce matin tout échancré par les plus
hautes cimes des pics de l'Apennin. Italie !
Italie ! comme Achaïe jadis et les matelots
d'Enée, mon cœur t'a saluée avec une ardente espérance ; comme eux, je viens chercher sur tes rives hospitalières une nouvelle
patrie avec l'oubli de mes souffrances passées, des ruines de ma famille et de la mort
des miens...

Le ciel s'emplit de plus en plus d'une étin-
ce'ante lumière. Son éclat si terne en nos

froides contrées resplendit dans des profondeurs éblouissantes ; tout est bleu autour de nous, la mer comme le firmament, comme les côtes italiennes à l'horizon, comme les rayons du soleil réfractés dans les flots que soulève la proue du navire ; c'est une orgie de lumière azurée...

Nous doublons le promontoire de Circé ; les remparts de Gaële blanchissent devant nous, et la côte s'arrondit et s'abaisse à l'horizon jusqu'à une âpre montagne qui dresse brusquement sa haute stature. C'est l'Epoméo, me dit-on, l'île d'Ischia sous laquelle rugit le géant Typhée, écrasé par les dieux. Elle grandit peu à peu, tandis que nous suivons la plage basse et monotone où le capitaine m'indique le lieu de mes travaux futurs, les champs où fut Cumes. Tout à coup, le navire tourne brusquement à l'est, et je vois s'arrondir derrière les falaises de Procida et le cap Misène, l'immense baie de Naples, au fond de laquelle surgit le cône bleu du Vésuve, couronné d'un léger panache de fumée comme d'une blanche et diaphane auréole.

A peine ai-je eu le temps d'embrasser d'un œil avide cet horizon d'une incomparable splendeur que déjà le Pausilippe s'abaisse derrière nous et découvre l'anse abritée où s'élève la grande ville, escaladant son amphithéâtre de collines de ses maisons blanches, qui resplendissent sur le bleu de la mer, des montagnes et du firmament. Le soir arrive et le ciel se colore de teintes éblouissantes, qui jettent sur les flancs du Vésuve comme une gaze légère d'un violet chaud et doré. C'est une féerie, un indicible enchantement.

Puis un bruit de chaînes ; le navire jette l'ancre et s'arrête immobile ; la machine respire bruyamment ; nous sommes arrivés.

Sur le môle, le comte Rettagliosi est venu m'attendre avec son équipage et m'emmène rapidement au travers des rues populeuses et dallées de larges laves du Vésuve, grises et glissantes, jusqu'à son palais de Pizzo-Falcone.

Cumes, août 1847.

Malgré les gracieuses instances du comte, je n'ai pas voulu perdre un instant pour visiter Naples avant d'être venu prendre possession de mes chantiers de fouilles ; le travail et la science avant tout ; la poésie viendra ensuite, à ses heures, comme elle pourra.

Je suis parti pour Cumes sans vouloir même attendre le retour de Mme Rettagliosi, qui devait arriver incessamment des montagnes du Mont-Cassin, où elle est allée passer quelques jours de villégiature. Je donnerais une triste idée de la jeunesse, de la galanterie et de la gaîté françaises à une grande dame italienne et ma place n'est guère dans un salon. Mais j'ai dû promettre de revenir cette semaine, une fois installé ici et une impulsion sérieuse donnée aux travaux. Comment refuser si obligeante invitation, comment résister surtout à l'invincible attraction des merveilles de Naples, d'Herculanum et de Pompeï, dont on a fait miroiter à mes yeux les magiques splendeurs?

Après un voyage de deux ou trois heures, au bord d'un golfe plus bleu que le ciel de France, et à travers les collines volcaniques d'une contrée enchanteresse, sous les tunnels et les arcs de triomphe des vieux Romains, je suis arrivé ici, sur la plage basse de la grande mer où s'élève un petit monticule dont une douzaine de terrassiers en guenilles grattaient nonchalamment le sommet. C'est l'acropole de Cumes, pays triste, solitaire et morne, s'il en fut jamais.

A la base occidentale de ce monceau de ruines, une petite chaumière basse, sans étage, recouverte d'une espèce de dôme crépi et formant comme une terrasse sera ma demeure. C'est une petite cabane de paysan napolitain, d'une simplicité et d'une nudité plus que primitives. Mais, à quelques pas devant moi, la Méditerranée s'étend à l'infini et j'entends de mon lit ses lames sonores se briser sur la grève avec leur bruit grandiose et d'une indicible poésie; mais tout autour de ma petite hutte, des orangers, des citronniers, des mandariniers cachent leurs fruits d'or et les blanches étoiles de leurs fleurs sous leur sombre feuillage; quelques oliviers bleuâtres me défendent, par une ombre discrète, des rayons du soleil de midi, et par dessus tout le ciel de Naples étend son manteau d'un éblouissant azur.

C'en est assez pour me faire chérir cette poétique retraite où le bonheur m'attend, si le bonheur se trouve dans le calme, dans le travail et dans la contemplation de la plus belle nature qui se puisse rêver.

Mon premier soin a été de donner une direction rationnelle aux travaux de mes ouvriers. Ils ne parlent et ne comprennent que le patois du pays, qui diffère peut-être autant de l'italien que celui ci du français. Leur piqueur seul, un Napolitain éveillé et spirituel, sait un peu de toscan et peut comprendre mes indications. Jusqu'ici, ils avaient gratté le sol à l'aventure, remplissant de terre, suivant l'usage primitif de ces pays, une sorte de corbeille conique de joncs tissés qu'ils chargeaient sur leur tête et portaient vider à la mer; c'était d'une lenteur et d'une difficulté insensées; l'homme primitif aux prises avec la nature et n'utilisant que sa force matérielle, sans rien demander à son intelligence.

J'ai tracé sur le terrain un plan de tranchées profondes se coupant à angles calculés de manière à tomber forcément sur les vestiges antiques qui peuvent subsister dans ce sol bouleversé et à poursuivre ensuite les fouilles à coup sûr; j'ai remplacé les corbeilles par de petits vagonnets que la pente du terrain conduit seuls à la mer et qu'un âne, *nu ciuciù*, le grand travailleur de ces contrées, ramène à vide.

Depuis lors, le déblaiement marche avec rapidité et mes hommes paraissent avoir conçu une haute estime de ma supériorité intellectuelle. Mais qui donc a pu représenter

le Napolitain comme le type de l'indolence
et de la paresse ? Jamais je ne vis manœuvre plus actif, plus âpre à l'ouvrage, toujours chantant, riant, se remuant et saisissant avec une rare intelligence les indications à peine ébauchées. Ce qui lui manque, c'est la science du travail, les procédés de l'industrie moderne, la manière de « savoir s'y prendre ». C'est un homme primitif mûr pour la civilisation et prêt à accomplir encore les merveilles qui illustrèrent ses ancêtres, dès qu'une génération nouvelle aura secoué les dernières influences du joug énervant qui l'a si longtemps asservi.

                                    Naples, septembre 1875.

Un *corricolo*, — espèce de petit char de course traîné par un cheval efflanqué, tout harnaché de cuivreries brillantes et sur le brancard duquel s'assied, au risque de se casser le cou, le postillon toujours braillant, remuant, criant, fouaillant sa bête, qui court cependant d'une allure à épouvanter l'écuyer le moins timide, — un *corricolo* est venu me prendre ce matin pour m'amener ici, où j'ai laissé la majeure partie de mes bagages et où « mon patron », le comte Rettagliosi, voulait me présenter à sa famille.

Elle passe d'ordinaire l'été dans les montagnes de Castellamare, au pied du mont *Sant'Angelo a'tre pizzi*, dont on aperçoit

d'ici la haute silhouette saillir sur la longue
chaîne bleue qui ferme l'horizon méridional
et vient mourir dans la mer au détroit de
Capri. Mais ces dames se trouvent à Naples
en ce moment, à la suite de l'excursion au
Mont-Cassin, dont j'ai parlé l'autre jour, et
du retour de France du comte; elles veulent
voir, avant de repartir pour leur fraîche
villa, le jeune « savant » qu'on leur amène
de l'étranger pour travailler à la gloire de
leur maison et rajeunir d'un nouveau lustre
sa vieille réputation d'amie et de protectrice
des sciences. Elles veulent le voir comme
les chiffons et les curiosités parisiennes que
le comte leur a apportées de France et s'assurer si je suis, comme elles, de bonne qualité; c'est une des corvées de ma nouvelle
position à laquelle je dois me soumettre,
malgré que j'en aie et quoi qu'il en coûte à
ma fierté et à mon amour-propre. Mais il
fallait me hâter, car Naples est intenable
avec la chaleur, et toute la société est éparse
çà et là dans les montagnes ou dans les îles;
ces dames ne pouvaient pas attendre un jour
de plus dans les rues embrasées et la brûlante poussière de cette atmosphère échauf-
fée, de l'aurore à la nuit, par un soleil de feu.

Donc, j'ai dû revenir pour me soumettre à leur examen. Parti un peu tard de
Cumes, — mon équipage avait déjà fait la
route dans la matinée, et de quelque trempe
que soit l'acier des jarrets du cheval napolitain, il fallait bien laisser souffler un peu
la pauvre bête, — je suis arrivé ici vers une
heure, au plus fort de la chaleur et de la
poussière blanchâtre que fournit à profu-

sion le sol volcanique des champs phlégréens, vaste brasier dont une couche de
cendres cultivées recouvre à peine les char-
bons encore ardents. Cahoté par la rapidité
inouïe de mon attelage à deux roues, brûlé
par les rayons d'un soleil torride, c'est avec
une satisfaction indicible que je suis par-
venu au terme de ce voyage, dans la rue déserte et silencieuse qui suit l'arête du promontoire de *Pizzo-Falcone*, traverse sur une
arche de pierre, au niveau du toit des maisons, la populeuse *strada di Chiaja*, creusée
en tranchée au travers de cette petite colline de cendres durcies, et vient aboutir à
une rangée de palais lourds et sombres
comme des forteresses. La grande porte de
l'un d'eux s'ouvre lentement et me voilà
dans une petite cour carrée, pleine d'ombre
et de fraîcheur, toute bordée de portiques
contre les colonnes desquels grimpent et
s'épanouissent en espaliers des citronniers
chargés de fruits d'un jaune pâle et de fleurs
embaumées.

Un vieux domestique, une espèce d'intendant, de *ministro*, comme ils disent ici, s'a-
vance à ma rencontre, son béret de laine à
la main et à demi courbé soit par l'âge,
soit par respect pour l'étranger.

— *Il signor conte è uscito ?* (Monsieur le
comte est sorti ?)

— *Uscito !* Sorti ! me répond-il en levant
vers moi son visage hâlé et ridé et ses petits
yeux noirs pétillants de malice. Son Excellence veut rire ! Son Excellence sait bien
qu'à cette heure et avec ce soleil, il n'y a
que les chiens et les Français par les rues...

— C'est beaucoup d'honneur que vous me faites, interrompis-je de mon plus grand sérieux.

Le *ministre* resta interdit, comme effrayé, ne sachant si je voulais me fâcher ou me moquer.

— Son Excellence m'excusera, reprit-il, c'est un proverbe d'ici, que nous disons comme ça... sans penser à mal... *Il signor conte* fait la sieste; si Son Excellence veut se reposer, son appartement est prêt; mais *Elle* ne craint peut-être pas plus la fatigue que le soleil...

Le *ministre* commençait à m'agacer; avec son visage de singe, type fréquent chez les vieillards napolitains, avec ses façons d'une obséquiosité railleuse, son langage affectant un respect trop en dehors de nos habitudes françaises pour ne pas me paraître suspect, je ne savais si je devais le prendre au sérieux ou le remettre à sa place. Je le suivis en silence au travers de longs corridors dallés en laves grises, d'interminables escaliers et de vestibules sans nombre, mais sans portes, pour laisser mieux circuler l'air frais, jusqu'à une galerie du dernier étage sur laquelle s'ouvraient deux vastes pièces voûtées, peintes à fresque et carrelées de petits hexagones de faïence vernie. Leur ameublement plus que simple, un lit de cuivre poli, chef-d'œuvre des manufactures de la *strada Medina*, des rideaux et des moustiquaires de mousseline, quelques meubles de canne, des nattes de palmier, tout semblait disposé uniquement pour se prémunir contre la chaleur et me fît mal augurer du confort des grands seigneurs napolitains. Mais tandis que la façade du palais paraissait se développer sur la cour intérieure à l'abri du soleil, les hautes fenêtres de ces deux pièces s'ouvraient à l'orient sur la mer et encadraient en plein le merveilleux panorama qui fait l'incomparable beauté de cette cité sans rivale.

Devant moi se dressait la pyramide élancée du Vésuve, baigné d'une étincelante lumière d'azur ; au bas, la longue rangée des maisons de Portici et de Torre del Greco entourait comme d'une blanche ceinture les flots bleus du golfe, qui se perdaient sur la droite, dans l'infini de la pleine mer, derrière les montagnes glauques de Sorrente et de Capri. A mes pieds, à une profondeur verticale presque vertigineuse s'étendait le quai de *Santa-Lucia* et son petit port dans lequel de légères embarcations se balançaient gracieusement au soleil.

. . . .

Les grandes ombres des palais de Pizzo-Falcone descendaient lentement sur le quai, lorsqu'un domestique vint me prévenir que le comte Rettagliosi et sa famille m'attendaient. Il me conduisit par de longues enfilades de galeries peintes à fresques jusqu'à un immense salon voûté, nu et froid, malgré la chaleur de l'atmosphère et dont l'aménagement intérieur évoquait pour un Français plutôt le souvenir d'une salle de musée que l'idée du confort d'une habitation seigneuriale. M. Rettagliosi s'avança vers moi avec la cordialité pleine d'empressement qu'il m'a

toujours témoignée et me présenta à sa
femme, grande personne déjà sur le retour.
puis à son fils Beppo, jeune homme de mon
âge, à peu près, aide de camp du roi, attaché
à la maison militaire de Victor-Emmanuel,
me dit il, pour le moment en congé.

Trois jeunes filles riaient et babillaient
en napolitain dans l'embrasure de l'une des
hautes fenêtres ; deux d'entre elles, très minces, très-brunes et dont la mobile physionomie s'animait sans cesse de gracieuses ex-
pressions, étaient évidemment deux sœurs,
les deux *contessine* Rattagliosi ! Elles vinrent
tout courant me secouer gaîment la main à
l'anglaise et m'adresser quelques gentilles
paroles de bienvenue. La troisième s'avança
lentement à leur suite, en dardant sur moi
deux yeux d'un bleu sombre et d'une fixité
étrange. D'une taille élevée, vêtue d'une espèce de peignoir de mousseline qui recou-
vrait comme d'une auréole diaphane ses
formes opulentes et sa carnation d'une
éblouissante blancheur, avec des cheveux
d'un blond ardent, rosé, presque rouge, retombant en deux longues tresses sur ses épaules, un collier de perles négligemment en-
roulé autour de son cou découvert et rehaus-
sant la transparence nacrée de son teint,
on aurait dit une personne d'une autre race
que les dames Rattagliosi, la Marguerite de
Faust développée sous le ciel exubérant du
Midi.

— Ma nièce, me dit le comte, *la marchesa
Guendalina di Lecco.*

Et comme je m'inclinais respectueuse-
ment devant elle, elle me tendit la main ;

malgré moi, sans réfléchir, mes lèvres vinrent s'y appuyer, comme j'avais autrefois coutume de le faire dans ma famille, où l'on avait conservé religieusement les vieilles traditions de l'urbanité française. Je la sentis frémir sous mon baiser, et le contact de cette peau satinée, tout imprégnée d'un parfum pénétrant et sauvage que je n'avais jamais respiré, me produisit une impression profonde ; involontairement, je gardai sur mes lèvres cette petite main blanche plus longtemps que de raison ; ce ne fut qu'un éclair, un centième de seconde peut-être, mais ce fut remarqué, et les deux *contessine* éclatèrent d'un rire argentin.

— *Il signor è galant'uomo !*

— *Si vede chè viene di Francia !*

— Voilà où les camarades malappris, disaient-elles à leur frère, devraient aller chercher des leçons de politesse, de prévenance et de bon goût !...

— Mais sais tu, Lina, que nous allons être jalouses de toi, maintenant !...

Je me sentais en faute, ne sachant quelle contenance faire, vexé surtout contre moi-même, si calme et si maître de moi d'ordinaire, d'avoir commis sans m'en rendre compte, sans y réfléchir, un tel pas de clerc. M. et Mme Rattagliosi cependant causaient ensemble sans paraître avoir remarqué cet incident ou du moins y rien trouver d'extraordinaire ; mais la jeune marquise ?... Qu'allait-elle penser de moi ? Je levai timidement les yeux sur son visage et n'y aperçus, à ma grande joie, aucune marque de surprise ni de colère ; peut-être un hommage qui aurait paru ridicule à une femme du Nord l'avait il touchée comme une chose dont une Italienne est toujours fière...

Tandis que ces pensées me traversaient la cervelle, elle remarqua mon regard anxieux attaché sur elle, et pour me mettre à l'aise peut être ou pour couper court aux rires de ses cousines, me dit en souriant :

— Vous regardez mes fleurs, monsieur,
— une étoile d'une éblouissante blancheur, comme une petite rose double, admirablement imbriquée, était plantée sur le côté de la tête, au bon endroit, dans ses cheveux blonds. — C'est une curiosité, en effet, qui mérite d'attirer l'attention d'un savant comme vous ; voyez plutôt.

Et elle détacha de sa ceinture un petit bouquet de ces fleurs blanches, entourées de feuilles sombres, luisantes et fortes comme celles du laurier. Une bouffée d'un enivrant parfum, — celui-là même dont ses mains étaient imprégnées, — me monta au visage.

— Ce sont des *tiaré*, poursuivit elle, que vous chercheriez en vain dans les plus beaux jardins d'Italie, mais qui commencent, m'at-on dit, à faire fureur dans les serres anglaises et peut-être aussi parisiennes, sous le nom de *gardénia*. Mon mari m'a apporté ces arbustes de Taïti, et je les ai plantés à Ischia, où ils ont merveilleusement prospéré, comme vous le verrez lorsque vous viendrez passer quelques jours dans ma solitude.

Son mari! Elle qui me rappelait tout à l'heure le virginal sourire et la candide pudeur de la Marguerite de Faust, elle était mariée!

On annonçait le dîner. Elle prit mon bras, me laissant à la main le petit bouquet embaumé que je n'osais ni garder ni lui rendre. Puis, s'apercevant de mon indécision, un éclat de rire entr'ouvrit ses lèvres.

— Gardez-les, me dit-elle presque affectueusement, et mettez-les à votre boutonnière; cela se porte très bien ici, je vous assure, et ne vous rendra pas ridicule quand nous nous promènerons ce soir à Chiaia. Leur parfum vous fera penser à moi et oublier peut-être votre patrie et les tristes souvenirs que vous y avez laissés. On dit, du moins, dans une chanson taïtienne, que le parfum du *tiaré*, emporté par les vents, réjouit au loin le voyageur qui passe et l'attache, tout comme le lotus des âges homériques, aux rivages où il l'a pour la première fois respiré.

Elle s'assit à table, presque en face de moi et demeura silencieuse tout le temps du repas ; ses cousines, d'ailleurs, lui auraient difficilement laissé le temps de placer un mot. Elles ne cessèrent de babiller avec une pétulance, une vivacité, une gaîté plus que méridionales, m'accablant de questions sur nos habitudes, nos modes et nos usages, s'apitoyant sur la solitude dans laquelle j'allais vivre à Cumes et m'assurant gentiment qu'elles et leur frère feraient tout leur possible pour l'égayer et la distraire ; qu'elles m'enverraient chercher pour me faire participer aux fêtes et aux réjouissances d'hiver, dont elles s'imaginent que l'existence n'est qu'une série ininterrompue dans nos grandes villes françaises, ou qu'elles viendraient elles mêmes avec leurs amies inspecter mes travaux et m'arracher par leurs gais éclats de rire à de trop sérieuses études et à de tristes souvenirs. Mainte allusion discrète me montra qu'elles savaient l'histoire de mon passé et s'efforçaient avec une délicatesse toute féminine d'en adoucir les douloureuses blessures. Malgré moi, cela me toucha vivement. J'étais venu à Naples dans une disposition d'esprit plus que morose, décidé à me tenir sur une réserve et une défensive presque rogues ; cet accueil affectueux pour un inconnu, ces manières si pleines d'amabilité, de grâce et de laisser-aller, qu'elles auraient pu donner lieu en France à d'invraisemblables interprétations, me séduisirent en un instant. Ce fut comme les chatteries avec lesquelles on apprivoise un enfant sauvage et effarouché. Au bout d'une heure, tout mon beau plan de conduite et de misanthropie, savamment édifié pendant huit jours, s'était écroulé de fond en comble et j'en contemplais avec pitié les débris.

Le comte et son fils m'emmenèrent sur la plate-forme qui couvrait le palais, à la mode napolitaine, pendant que ces dames s'habillaient pour aller faire la promenade obligatoire à Chiaia. On apporta le café et ces longs cigares italiens qui contiennent à l'intérieur la bûche de jonc avec laquelle on les allumera. Assis en plein air, sur cette haute terrasse, dominée seulement par les bastions éloignés du château Saint-Elme et la

ceinture de collines qui va mourir au Pausilippe, en face de cet horizon merveilleux
que le soleil couchant illuminait de féeri-
ques couleurs, nous causions gaîment; pour
la première fois depuis bien longtemps, un
souffle de joie et de confiance en l'avenir
vint me caresser le visage avec la brise embaumée du golfe et faire bondir mon cœur
comme le retour inespéré d'un ami.

— Vous avez vu ma nièce, ma pauvre
Lina, me dit le comte ; elle est d'humeur un
peu étrange, et restera quelquefois tout un
jour silencieuse, comme ce soir; il ne faut
pas y faire attention ; la pauvre enfant a
éprouvé bien jeune (de cruelles douleurs.
C'était la fille unique et adorée de mon
frère, qui avait épousé par amour une jeune
fille de Venise. C'est ce qui vous explique le
type de ma nièce, si différent de celui de
notre famille ; elle est tout le portrait de sa
mère qui mourut en la mettant au monde.
Il y a deux ans, — elle en avait quinze alors,
— un de ses cousins, le marquis di Lecco,
brillant officier de la marine italienne, s'é-
prit d'elle et obtint sa main ; la noce se fit
au château patrimonial de ma famille, dans
les montagnes du duché de Bénévent. Tout
était en fête ; le cortége sortait de l'église au
milieu des cris de joie des paysans et des
invités, quand deux détonations retentirent
coup sur coup ; mon frère, qui marchait à
côté de moi derrière les jeunes époux, tourna
deux fois sur lui-même et tomba, les bras
étendus en avant, sans prononcer un seul
mot, tandis que le marquis di Lecco, qui
s'était retourné d'un brusque mouvement

au bruit de la première détonation, recevait en pleine poitrine la balle destinée sans doute à sa femme.

Il me semble voir encore la scène affreuse qui suivit. Nos montagnards, tirant leurs couteaux, se ruèrent à la poursuite de l'assassin ; une courte lutte, des cris dans un hallier voisin, puis les lambeaux pantelants de son cadavre qu'ils brandissaient en triomphe. C'était un bandit du voisinage, certainement payé pour accomplir son crime. Par qui ? Nous ne l'avons jamais su. Probablement une vengeance politique. Mon frère avait été l'un des amis et des aides de Liborio Romano. Les gens qui s'imaginent que la noblesse d'un pays doit s'immobiliser dans la défense d'institutions et de dynasties d'un autre âge le regardaient comme un traître. On l'avait plusieurs fois averti de prendre garde, qu'on en voulait à ses jours ; peut-être n'a-t-il pas tenu assez compte de ces avis anonymes, et il est mort en martyr, malheureusement inutile, de notre grande et noble cause, l'indépendance de l'Italie... Aussi, monsieur, quelles que soient vos opinions politiques, que je respecte, d'ailleurs, ne parlez jamais dans notre famille, autrement que pour le maudire, du régime abhorré des Bourbons...

Ainsi donc, elle n'est pas mariée... Elle n'est pas mariée... Je me suis cent fois répété tout bas ces cinq mots avec une joie incompréhensible... Que m'importe à moi, et voudrais-je me donner le ridicule tourment de m'éprendre de cette noble dame, qui voit sans doute aspirer à sa main les plus opulents héritiers de l'aristocratie napolitaine ?... Allons donc ! .. Mais les quelques mots d'affectueuse sympathie qu'elle m'a dits tout à l'heure m'ont ému et, depuis que je la sais triste et malheureuse, il me semble qu'un lien mystérieux nous unit. Elle habite à Lecco, dans l'île d'Ischia, une villa patrimoniale ; elle y vit dans la solitude et le silence, avec une dame de compagnie allemande et le vieux chapelain de la famille... Elle m'a invité à aller la voir, et cette seule idée me fait battre le cœur... Insensé !... Et quand on est venu nous avertir que la voiture était avancée, quand elle a de nouveau pris mon bras pour descendre la double rampe du grand escalier de marbre blanc, quand elle m'a fait signe de m'asseoir en face d'elle au fond du landau, et que les plis bouffants de sa robe de percale d'azur sont venus me recouvrir à demi et m'envoyer d'enivrantes bouffées du parfum des *tiarés*, il m'a semblé que je voyais s'ouvrir devant moi des horizons d'une éblouissante splendeur et que je m'élançais, le cœur léger et plein de bonheur, dans une nouvelle existence.

Nous avons causé gaîment, comme je ne me croyais plus capable de le faire, en descendant la populeuse *strada di Chiaia* pour atteindre la *villa reale*, quelque chose comme les Champs-Elysées parisiens, mais des Champs-Elysées d'une incomparable magnificence, ombragés de palmiers, d'yeuses et d'orangers, entourés au nord par la gracieuse ceinture des hautes collines du Voméro et baignés au midi par la mer de Naples, sur l'azur lointain de laquelle s'élèvent les montagnes harmonieuses de Sorrente et de Capri. Ces dames s'empressaient à m'indiquer avec une grâce charmante les monuments, les édifices, les curiosités des quartiers que nous traversions; elles me faisaient admirer les beaux points de vue que nous rencontrions à chaque instant, les grands *araucaria excelsa* qui s'élèvent comme d'immenses arbres d'ornement devant quelques opulentes villas; elles riaient aux éclats en m'entendant répéter que les merveilles de notre Paris tant vanté n'étaient qu'un clinquant terne et incolore en comparaison des splendeurs de leur beau pays, et m'accusaient d'adresser, en vrai Français que je suis, des galanteries à toute chose jusqu'à la nature insensible...

Après une heure de promenade, ces dames manifestèrent le désir de marcher un peu et nous descendîmes faire un tour dans la ville, où jouait une musique militaire, entourée d'un nombreux auditoire de promeneurs. Comment cela se fit-il?... Je l'ignore, mais ce fut encore moi qui soutins la jeune marquise pour descendre de voiture et qui la gardai à mon bras; il me semblait que tous les passants devaient envier mon bonheur. Un officier, un camarade du comte Beppo vint la saluer et offrir son bras à l'une de ses sœurs; nous nous mîmes à nous promener lentement, couple par couple, sous la sombre ramure des yeuses, bercés par les adorables mélodies de Pétrella ou de Verdi et par le doux bruissement des baisers de la vague sur son lit de coquillages et de sable fin.

Que nous racontâmes-nous ainsi? Je ne saurais le dire, mais il me semblait que j'avais connu et aimé toute ma vie cette jeune femme dont j'ignorais ce matin encore jusqu'à l'existence. Une seule chose s'est gravée profondément en mon souvenir parce qu'elle a fait bondir mon cœur comme l'étincelle d'une batterie de Leyde. A un moment où la conversation languissait, j'avais laissé tomber mes yeux sur d'élégantes promeneuses qui passaient dans une allée voisine et je regardais avec curiosité leurs brunes et sémillantes physionomies. Ma compagne s'en aperçut et s'écria toute fâchée :

— Fi! le vilain! Que c'est mal, monsieur, de regarder d'autres femmes quand vous m'avez à votre bras! Ne suis-je pas assez jolie pour captiver toute votre attention?....

Que répondre à de pareilles choses? Comme un rustre du Nord, j'ai gardé le silence, plus étonné peut être de prime abord que charmé d'une observation qui ne serait jamais venue à l'esprit d'une Française, et je me suis contenté de serrer plus étroitement la petite main gantée qui s'appuyait légèrement sur mon bras, ce qui n'a pas déplu, je crois.

5 septembre.

J'ai passé la journée à Pompeï, seul avec
le comte, qui voulait que nous examinas-
sions ensemble les fouilles. Hier encore la
pensée d'une visite à ces merveilleux vestiges du passé faisait exalter en moi toutes
les fibres de l'archéologue et du savant. Eh
bien ! je ne sais dans quelles dispositions je
me trouvais ce matin, mais je suis parti
maussade, sans entrain et sans plaisir. C'est
à peine si l'excellent déjeuner que m'a offert
M. Rettagliosi sous les eucalyptus de l'hô-
tel Diomède, à peine si la vue de tant de curiosités incomparables, de tant de richesses
uniques au monde a pu captiver mon esprit
distrait et le remettre en son assiette. Puis,
l'arrivée à Pompeï m'a fait éprouver comme
une déception. On s'imagine trouver une cité
antique rendue tout entière au jour après
dix-huit siècles d'oubli et l'on entre dans
une ville rasée à la hauteur du premier
étage, dont toutes les perspectives sont par-
là même anéanties. Il faut un pénible effort
d'imagination pour rétablir par la pensée
les grandes lignes architecturales, les cha-
piteaux des temples et ce revêtement exté-
rieur des objets qui en constitue la personnalité bien plus encore que ne peut le faire
leur squelette, seule chose que le Vésuve ait
laissée à Pompeï.

Or, ce travail, malgré l'effort constant de ma volonté, mon âme était impuissante à l'accomplir, et je ne sais quelle vague inquiétude l'emplissait sans cesse, quel âpre et charmant souvenir l'entraînait loin de ces merveilles qui l'auraient un autre jour si ardemment captivée. Les lignes harmonieuses de ces paysages, ce ciel si pur et si profond, et surtout l'ombre des grandeurs passées planant sur ces ruines désolées, au sein de l'éternelle jeunesse de cette nature toujours belle, m'écrasaient sous le poids d'une morne tristesse et d'un amer désenchantement. Cette impression pénible s'empara si bien de mon être tout entier, que M. Rettaghosi s'en aperçut et s'imagina, Dieu me pardonne! que le souvenir de quelque amour laissé en France n'y était pas étranger. Il m'en toucha quelques mots, avec cette liberté affectueuse que les Italiens apportent dans toutes les questions de sentiment, alors que remontés en chemin de fer nous parcourions pour rentrer à Naples l'extrême rivage de ce golfe enchanteur tout bordé des grises et rugueuses coulées de lave vomies jusqu'à la mer par la montagne en ses jours de furie.

Malgré moi je me mis à rire.

— Regretter quelqu'un ou quelque chose en France!... Non monsieur, soyez tranquille; ce ne sont pas d'aussi vieux souvenirs qui m'obsèdent, mais plutôt un orgueil, une ambition insensée, et, qui le sait?... peut-être le sentiment de mon insuffisance, la crainte de ne pas répondre à la trop flatteuse confiance que vous avez mise en moi;

vous ne me croiriez probablement pas si
j'ajoutais que de beaux yeux de femme ne se
mêlent pas un peu à tout cela, mais je puis
bien vous affirmer que les yeux qui me font
rêver n'ont jamais réfléchi la pâle lumière
de votre ciel brumeux...

Un fin sourire vint entr'ouvrir ses lèvres,
et il ne fut plus question de cela entre nous.

Je revis Naples et ses ruelles étroites et
populeuses avec une joie d'enfant. Mon cœur
battait plus que de raison quand la voiture
franchit la grande porte du palais de Pizzo-
Falcone et quand j'aperçus la marquise di
Lecco accoudée avec ses cousines sur la balustrade de marbre blanc du premier étage
et nous saluant gaîment en nous criant de
nous hâter, que nous étions en retard pour
dîner.

Comme la veille, elle me tendit les mains
avec un franc et joyeux sourire, et je ne sais
quel effort surhumain m'empêcha de les
couvrir de baisers ; comme la veille encore,
elle détacha de sa ceinture une blanche fleur
de gardénia qu'elle me lança au visage en
me disant tout gaîment :

— Eh bien ! monsieur le savant, monsieur
l'archéologue, les merveilles de Pompéi
vous ont elles permis de songer une seule
fois à moi et à mes pauvres *tiarés*, aujour-
d'hui ?...

— Demandez-moi plutôt, lui répondis-je
tout bas, si votre souvenir m'a permis de
regarder Pompéi et si l'œil qui a contemplé
la merveille de la Naples moderne peut encore s'intéresser à celles du passé...

Elle secoua les blondes tresses de ses cheveux dorés et partit d'un folâtre éclat de rire.

— Oh! ces Français! ces Français! Si on ne les connaissait pas, on se laisserait prendre, en vérité, à la monnaie courante des galanteries dont leur bouche est prodigue...

J'allais protester, dire peut être quelque sottise, quand le majordome vint nous prévenir que le dîner nous attendait et m'éviter ainsi de fournir un prétexte aux espiègleries malignes de Mlles Rettagliosi, qui chuchotaient déjà entre elles en me regardant avec toute la malice de jeunes filles et de jeunes filles napolitaines.

On me fit raconter au long ma journée, mes impressions, mes remarques, et ce dîner devint pour moi un véritable supplice. J'aurais été si heureux de rester assis devant Elle, sans parler, sans réfléchir, sans penser, absorbé dans la seule contemplation de ses yeux d'azur, de ses cheveux blonds, de son teint de lys et de roses!... Et j'avais si peur de dire quelque sottise, de déchoir à ses yeux du piédestal d'intelligence où elle semble croire placé son indigne adorateur...

Enfin, on se leva de table et l'on monta sur la terrasse, respirer la brise du golfe et prendre en plein air, à la clarté mourante d'un crépuscule doré, le café et les vins muscats de Sicile ou de Falerne. La contention d'esprit que je m'étais imposée durant ce long repas avait usé mes forces et je sentais un invincible besoin de repos m'envahir : j'allai m'accouder sur le parapet de

laves grises. regardant sans les voir les promeneurs de Santa-Lucia, qui rampaient au-
dessous de moi, et les blanches voiles des
barques de plaisance, qui rentraient lentement au port en glissant sur les flots d'un
indigo de plus en plus sombre.

A l'approche de la nuit, il se faisait un
grand silence ; les mille bruits de la grande
ville s'étouffaient peu à peu, à mesure que
les dernières lueurs du jour remontaient le
long du cône échancré du Vésuve, et que
des essaims d'étoiles d'or venaient consteller
l'azur foncé des cieux. J'entendais vaguement causer ces dames autour des tables
chargées de flacons et de cristaux, quand
une bouffée de l'odeur enivrante des gardénias vint me caresser le visage, en même
temps qu'un pas léger résonnait tout près
de moi, accentuant le doux bruissement
d'une robe de mousseline. La marquise di
Lecco s'accoudait à mes côtés et restait immobile, les yeux fixés sur la vague silhouette
de Capri, qui s'effaçait à l'horizon.

— Vous êtes triste, ce soir, monsieur
Raoul, me dit-elle de sa douce voix ; vous
songez à la France, à ceux qui vous regret-
tent là-bas... C'est cruel, n'est-ce pas, de
quitter ainsi tout ce qu'on aime, sans savoir
si l'absence n'effacera pas votre souvenir
des cœurs inconstants...

Puis, voyant que je restais silencieux,
ému comme la mer à l'approche d'un orage:

— Elle est donc bien jolie, murmura-t-
elle tout bas, et son souvenir vous fait donc
bien souffrir...

L'azur profond du ciel immense s'étendait à l'infini sur nos têtes, semé des blanches volutes de la fumée du Vésuve ; là-bas, devant nous, la longue chaîne des montagnes de Sorrente s'enlevait sur la pâle clarté de l'horizon maritime, et les vapeurs du vin de Syracuse, les parfums enivrants des fleurs de gardénia et des citronniers de Mergellina me montaient au cerveau ; je saisis ses deux petites mains et les écrasant sur mes lèvres :

— Ne me parlez pas ainsi, lui-dis-je rapidement, c'est blasphémer ; est il possible de songer à nulle autre qu'à vous quand on vous a vue, et ne comprenez-vous pas que c'est là ce qui me déchire le cœur ?...

Elle se dégagea doucement en me menaçant du doigt :

— Vous oubliez, me dit elle gaîment, que je ne suis pas une Française, et que je pourrais prendre au sérieux pareille déclaration, ce qui deviendrait grave !...

Le comte Beppo s'approchait de nous.

— Mon père est fatigué, me dit il ; vous-même, monsieur, devez avoir besoin de repos après votre voyage d'aujourd'hui ; nous ne sortirons donc pas ce soir, et demain, si vous voulez, nous irons nous promener au Pausilippe et aux Camaldules, afin de vous faire voir un peu notre pays avant de retourner dans votre désert de Cumes. Sans cette excursion, on ne sait pas ce que c'est que le golfe de Naples. Viendrez-vous, Guendalina, ajouta-t-il en se tournant vers sa cousine ?

— Certainement, répondit-elle ; vous savez que cette course me fait toujours plaisir.

— Bien ; je vais donner l'ordre de nous préparer à déjeuner au couvent et de tenir les chevaux prêts de bonne heure, afin de partir à la fraîcheur. Si vous désirez vous retirer, ajouta-t-il en s'adressant à moi, ne vous gênez pas ; vous voyez que mon père est déjà rentré....

Et voilà le récit de cette soirée que j'écris tremblant encore d'une indicible émotion, tandis que la brise du golfe qui entre à pleines baies par les hautes fenêtres de ma chambre, vient faire vaciller la lumière de mes flambeaux. Suis-je insensé de me laisser aller ainsi à un sentiment sans raison et sans espoir ! Et puis qu'a-t-elle dû penser de moi ? S'est-elle blessée comme l'aurait fait une fille de France de mon incompréhensible hardiesse, ou bien, au contraire, n'a-t-elle vu dans l'expression irréfléchie d'une passion ardente qu'un hommage dû à sa beauté ?...

6 septembre.

Les premières clartés de l'aurore illuminaient à peine le ciel oriental sur lequel se détachaient en noir les hautes dentelures de la Somma et le cône harmonieux du Vésuve, lorsqu'un domestique vint m'appeler pour prendre un léger repas avant de partir.

Obsédé par une préoccupation constante, je n'avais pas dormi de la nuit ; aussi fût-ce les yeux gros et chargés de sommeil que je parcourus, en étouffant le bruit de mes pas, les longues galeries silencieuses du palais et les grands escaliers qu'éclairaient à peine les vagues clartés du jour naissant. Le comte Beppo et sa sœur aînée, la signorina Giulia, s'aperçurent de ma fatigue et m'accueillirent par d'amicales railleries.

— Vous êtes méchants, dit, tout en me servant une tasse de chocolat, la marquise di Lecco, qui était restée jusque là silencieuse, se contentant de me saluer d'un léger signe de tête à mon arrivée, — vous êtes méchants de rire ainsi ; ne voyez-vous pas qu'il a passé une partie de la nuit à travailler, à classer ses notes sur Pompéi, tandis que nous nous reposions à notre aise?

— Que nous nous reposions..., cela vous plaît à dire, ma cousine ; parlez pour vous, s'il vous plaît ; on a quelquefois des préoccupations qui, pour n'être que fort peu scientifiques, n'en écartent pas moins le sommeil.

— Mettons, si vous voulez, que vous rêviez à vos amours, tandis que M. Ernesti prenait des notes, dressait des plans ou retouchait les croquis des beautés antiques dont il a chargé hier son album. Vous conviendrez que c'est plus fatigant.

— Oh! dit en riant le comte, je gagerais bien que les beautés modernes sont aussi pour quelque chose dans les veilles de M. Ernesti. On ne quitte pas la France sans y laisser des souvenirs qui font travailler

les postes royales... à moins que notre
ami n'ait eu le mauvais goût d'oublier déjà
ses compatriotes pour quelque Napolitaine...

— Taisez-vous, Beppo ; vraiment, vous
êtes insupportable avec vos moqueries. Vous
imaginez vous que M. Ernesti soit comme
vous, prêt à s'enflammer pour toutes les
femmes qu'il rencontre et à les oublier cinq
minutes après? Vous savez que je déteste
les personnes qui vous ressemblent sous ce
rapport, et j'espère bien que vous ne voulez
pas me faire prendre en grippe notre compagnon de promenade.

— Vrai, ma chère Lina, si vous commen-
cez de si bonne heure à me dire des méchan-
cetés de cette force, vous ne parviendrez jamais à observer jusqu'au soir le *crescendo*
de rigueur dans vos malices. J'aime mieux
vous céder la place et aller voir si les chevaux sont prêts.

— Eh bien ? vilain malappris, vous ne
m'offrez pas seulement votre bras pour descendre ?

— Pardon, ma cousine, mais je vous
croyais toute fâchée contre moi, et je laissais ce soin à votre protégé.

— Vous êtes plus qu'enfant; et votre
sœur ?

Je venais de recevoir ma douche d'eau
froide ; peut-être en avais-je besoin pour
me rappeler à la raison, et ce fut tout honteux, au souvenir de mes imprudentes effu-
sions de la veille, que j'offris mon bras à
Mlle Rattagliosi, en lui demandant, pour cacher mon trouble, des nouvelles de sa sœur,

qui avait jugé notre course trop longue et trop pénible pour nous accompagner.

Quatre petits chevaux napolitains, secs, vifs, aux jarrets d'acier, aux poumons infatigables, nous attendaient en piaffant dans la cour. M** di Lecco s'élança en selle d'un seul bond, tandis que j'aidais sa cousine à monter, et nous partîmes au grand trot, au travers des rues désertes et silencieuses encore, pleines d'ombre et d'une délicieuse fraîcheur matinale, tandis que les voiles de la nuit se repliaient en hâte derrière le Pausilippe, chassés par l'éclat orangé du soleil levant.

Nous suivions le corso *Vittorio-Emmanuele*, qui contourne en corniche, à mi-côte, les anfractuosités profondes des collines escarpées contre lesquelles Naples s'étend en espalier. L'admiration de ce lever de soleil sur la grande ville endormie à nos pieds, cette scène si nouvelle pour moi, la poésie intime que ce pays prête à toute chose, puis je ne sais quelle émotion secrète me plongeaient dans une indéfinissable rêverie, et j'écoutais sans l'entendre la conversation du comte et de sa sœur, qui me faisait l'effet d'un refrain d'Offenbach détonnant sur l'ouverture de *Guillaume* ou de la *Muette*. M** di Lecco, elle aussi, demeurait silencieuse, retenant peu à peu son cheval, comme pour rester seule avec moi.

— Il ne faut pas prendre au pied de la lettre, me dit elle tout à coup, les plaisanteries que nous nous décochons parfois avec mon cousin, — elle craignait de m'avoir blessé, la *cara giovane !* — ce n'est qu'un

vernis superficiel qui varie un peu la monotonie de notre vie de famille et j'espère bien
que cette note discordante ne vous empê-
chera pas de goûter la radieuse beauté
de notre cher pays et le savoureux parfum
de poésie et de grandeur des horizons que
nous allons contempler.

— Avec un guide tel que vous, je serais
bien infortuné si toutes ces merveilles que
la nature déroule à chaque pas devant nous
ne laissaient point en mon âme une ineffaçable impression, et si mon cœur ne s'ouvrait pas aux plus profondes et aux plus
poétiques émotions...

Un éclat de rire argentin vint entr'ouvrir
ses lèvres :

— Ah ! oui, n'est-ce pas ?

Te duce, te comite attingam cœlestia regna !

— Vous parlez latin, fis-je tout étonné.
— Mais un peu, monsieur ! Il ne faut pas
vous imaginer que nous soyons ignorantes
et frivoles comme les jeunes filles de France,
nous autres Italiennes ! Que ferais-je toute
l'année dans ma solitude d'Ischia si je n'a-
vais pas mon vieux chapelain pour causer
de science et de littérature ou m'apprendre
l'histoire des générations disparues qui peu-
plèrent jadis ces rivages ? Tout savant que
vous soyez, j'espère bien vous montrer que
vous auriez tort de me traiter comme une
petite sotte, et je vous promets que nous ne
laisserons pas se rouiller votre intelligence
quand vous viendrez me voir à Lecco. C'est,

d'ailleurs, une tradition constante parmi les
Italiennes de cultiver les lettres antiques ;
lisez plutôt Corinne et le président de Bros-
ses... On connaît ses auteurs, vous voyez !

— Mon Dieu ! lui dis-je, vous n'aviez
pourtant pas besoin de cela pour me tourner
la tête... Que vous ai je donc fait pour
que vous preniez plaisir à me torturer en me
montrant ainsi la réalisation de l'idéal le
plus enchanteur que mes rêves audacieux
aient jamais osé concevoir, quand vous savez qu'il ne m'est pas même permis d'élever
un regard jusqu'à lui

— Beppo, cria-t-elle en riant aux éclats,
à son cousin qui chevauchait en avant, savez-vous que nous avons un compagnon de
route très-dangereux. Le voilà qui se met
à me débiter des compliments à la française, et, vraiment, dans notre langue, on
pourrait s'y tromper et croire que c'est sérieux. Il faudra veiller à cela et tenez,
ajouta-t elle en me menaçant du doigt, si
nous cherchions quelque grosse pénitence
à lui imposer chaque fois qu'il recommen-
cera ?...

— Oui, par exemple une thèse à soutenir
contre M. Sommerhorn sur les antiquités
de Lecco...

— Ne vous moquez pas, je vous prie, des
antiquités de Lecco !

— C'est juste, ma cousine... puis la pénitence serait peut-être plus dure pour nous
autres auditeurs, que pour les deux cham-
pions...

— Beppo, je ne vous comprends plus ;
mais qu'avez-vous, mon ami, pour être dé-

sagréable comme cela? Vous ne pourrez donc jamais vous décider à parler sérieusement?

— Sérieusement... sérieusement... Mais il me semble, Lina, que ma réponse était beaucoup plus sérieuse que votre demande. Qu'en pensez-vous. M. Ernesti? Voyons un peu l'avis du principal intéressé.

— Le principal intéressé serait trop flatté si vous vous trompiez, M. le comte; et si Mme di Lecco attachait quelque importance à l'expression irréfléchie d'une admiration sans bornes, il serait trop heureux pour qu'il lui fût permis, je ne dis pas d'émettre, mais d'avoir même l'ombre d'une opinion à ce sujet.

— Bien répondu! s'écria le comte en cinglant d'un coup de cravache les flancs de son cheval, qui n'en pouvait mais. Cela vous apprendre, ma chère cousine, à vous adresser à plus malin que vous. Aussi, vraiment, on ne sait comment s'y prendre pour vous plaire; si l'on ne vous dit rien, vous trouvez qu'on manque d'empressement et du respect dû... à vos attraits; si l'on s'enflamme pour vous, — ou si l'on fait semblant, — vous ne cherchez qu'à vous moquer et à tourner en ridicule les efforts et la peine qu'on se donne pour vous contenter. Il faudrait être raisonnable, cependant; mettez-vous à notre place...

— A votre place, l'interrompit-elle avec pétulance, je laisserais partir une bonne fois mon cheval au lieu de le frapper en le retenant, comme vous faites depuis dix minutes, et je délivrerais ma cousine de mes réflexions sur son mauvais caractère, réflexions qu'elle sait depuis longtemps par cœur.

— Soit fait ainsi qu'il est requis ! s'écria le comte en rendant la main et en partant au galop.

Nous entrions hors des voies battues, dans un sentier ou plutôt dans le lit d'un torrent qui gravit, en serpentant, la montagne, profondément encaissé entre deux hautes parois de cendres durcies et rongées en capricieux méandres par les avalanches des pluies d'hiver. Forcément rapprochés les uns des autres, dans cet étroit couloir, sillonné d'ornières ou plutôt de goutières dangereuses, sortes de fissures profondes de plusieurs mètres en certains endroits, je ne savais comment rompre un silence embarrassant. Avais-je blessé Mᵐᵉ di Lecco, et devais-je m'excuser, attendre peut être qu'elle voulût bien me parler la première ? Comme ce matin, au contraire, s'imaginait-elle m'avoir contristé, et fallait-il lui dire que joie ou souffrance, tout ce qui venait d'elle m'emplissait le cœur ?... Je l'interrogeais timidement du regard, lorsqu'elle vint à mon aide avec cette grâce et cette bonté exquise qui sont un des plus grands attraits de cette charmante fille :

— Vous ne connaissez pas, me dit-elle, M. Sommerhorn, dont mon grand insensé de cousin vous a menacé tout à l'heure ? C'est le fils d'un banquier de Francfort qui a acheté dernièrement une villa à Ischia, près de Lecco, et s'est présenté chez moi, muni d'un luxe de recommandations de toute nature. C'est un parfait *galant'uomo*, d'ailleurs, très-instruit, très-aimable ; mais Beppo lui garde rancune, vous avez pu le deviner, pour avoir été obligé d'écouter un jour une longue thèse qu'il avait entrepris de lui développer sur les anciens habitants d'Ischia et sur des monnaies, phéniciennes d'après lui, trouvées dans son jardin en construisant une tour à sa *palazzina*. Je vous ferai faire sa connaissance quand vous viendrez passer quelques semaines chez moi, cette automne, avec mon oncle, et je suis certaine que vous l'aimerez beaucoup.

Impossible de renouveler plus gracieusement plus gracieuse invitation ; mais, je ne sais pourquoi, la pensée de trouver un archéologue à Ischia m'a rendu tout triste. Il ne s'agit pourtant pas d'un concurrent, et je devrais être heureux de rencontrer un représentant de cette fameuse érudition allemande, de discuter avec lui toutes ces questions délicates auxquelles ma vie doit être désormais consacrée et de profiter de sa conversation et de sa science .. Et, cependant, tout au fond de mon être, je regarde malgré moi cet homme comme un importun, un fâcheux dont je voudrais effacer le souvenir de ma pensée ; qui le sait ?... peut-être ai-je peur de paraître trop ignorant, trop « petit garçon » auprès de lui, et cela devant M. Retagliosi, devant Mme di Lecco...

Nous arrivions au terme de notre course, et le sommet de la montagne, abordable seulement par le nord, se rapprochait peu à peu de nous. Un village de paysans, des débris de ruines antiques, des portes, des arcs de triomphe éboulés s'accrochaient à ses pentes escarpées, bizarres, taillées par les torrents et les convulsions séismiques de ce sol bouleversé. Tout au sommet rampaient les bâtiments du couvent des camaldules, bas, écrasés et comme accroupis pour donner moins de prise à la fureur des tempêtes ; çà et là des mûriers, des oliviers, des vignes, de beaux néfliers du Japon aux teintes si riches, au port si majestueux et si ornemental. L'oranger ne se hasarde plus à ces hauteurs. Parfois, au travers des haies d'épines qui bordaient l'étroit sentier, nous apercevions l'immense étendue de la terre de Labour qui s'enfuyait à l'infini vers le nord, comme une mer diaprée de mille couleurs.

Des frères de l'ancien couvent auxquels le gouvernement en a laissé la garde, depuis la sécularisation de ces bâtiments déserts, vinrent prendre nos chevaux et nous introduisirent dans une petite cour carrée qui servait de vestibule aux logements et au jardin des religieux.

— Fermez les yeux, me dit Mme de Lecco; je vous conduirai ; il faut que vous découvriez tout d'un coup ces merveilles ; les deviner petit à petit en rend l'impression moins vive.

— Et la tentation de les ouvrir, Lina, s'écria sa cousine, crois-tu que M. Ernesti sera plus sage que la *Vergognosa de Pise*?

— Tu as raison, Giulia, il faut les lui bander.

Et sortant de sa poche un petit mouchoir parfumé, elle me l'attacha sur le visage en

riant aux éclats. Puis elle me prit par la
main et m'emmena avec elle à l'inconnu.

Je n'ai pas souvenance, dans tout le cours
de ma vie passée, d'avoir jamais éprouvé
plus vive et plus délicieuse émotion. Marcher ainsi en aveugle, conduit par une femme que l'on commence à aimer, se confier
tout entier à elle, sentir sa petite main serrer involontairement la vôtre chaque fois
qu'on pose le pied à l'aventure, chanceler
plus souvent que de raison afin de se faire
retenir et gronder doucement par elle, c'est
un véritable enchantement ; puis le chemin
semble si long, le cœur se serre instinctivement de si enfantines appréhensions, et la
réflexion, presque aussi prompte, rend si
heureux d'être livré à la discrétion d'un
être chéri ! la nuit dans laquelle on est
plongé contraste si étrangement avec le
brillant soleil dont on sent les chauds
rayons, avec le bourdonnement des insec-
tes, le chant joyeux des oiseaux, l'air pur et
embaumé des montagnes qui murmure gai-
ment dans les feuilles sonores des grands
lauriers !.....

— Nous voici arrivés, me dit tout à coup
Mme di Lecco. Allons, saint Paul d'un instant, venez que je vous impose les mains et
fasse tomber les écailles de batiste qui cou-
vrent vos yeux.

— Afin de me ravir jusqu'au septième
ciel ?

— Vous y êtes, apôtre des Gentils !

Et elle détacha son mouchoir.

Nous nous trouvions à l'extrémité méridionale d'une petite plate-forme qui cou-

ronne le sommet de la montagne, au bord
d'un précipice d'une profondeur verticale de
près de cinq cents mètres. A nos pieds s'é-
tendait la ville de Naples et les cratères des
champs Phlégréens, bouleversés comme un
paysage lunaire ; puis les gracieuses cour-
bures des golfes de Naples, de Pouzzoles et
de Baia ; à gauche, pyramidait la haute
silhouette du Vésuve, entourée par la couronne lointaine des Apennins ; à droite, les
volcans d'Ischia ; tout au fond, de l'autre
côté du grand golfe, baignant dans l'horizon lumineux, les montagnes de Sorrente et
l'île de Capri ; partout, la mer bleue, étincelante, infinie. C'était une harmonie, une
pureté, une grâce de lignes incomparables,
une immensité d'une indicible majesté, une
fête de la nature, de la lumière et des yeux.
Tout était bleu dans le ciel resplendissant,
sur la mer et les montagnes lointaines,
comme dans nos cœurs palpitants... Nous
restions immobiles, silencieux, trop émus
pour songer à rien dire. La jeune marquise
avait repris mon bras et s'appuyait doucement sur mon épaule. Mes regards cherchaient involontairement son visage, comme
pour comparer la beauté de ce front si charmant aux splendeurs de ce divin paysage ;
deux grosses larmes roulaient dans ses
yeux bleus.

Cette légèreté, cet enjoûment qu'elle affectait en causant avec nous n'étaient donc
qu'un leurre ; plus que moi-même elle était
donc émue par les magnificences et la
poésie de cette nature... Avant d'avoir ré-

fléchi, je luis saisissais les deux mains et les serrais convulsivement dans les miennes.

Elle se laissa tomber sur la petite muraille qui borde le précipice, et cachant son visage dans son mouchoir, éclata en sanglots.

— C'est folie ! dit elle à voix basse, et comme mes cousines en riraient !...C'est folie. mais je n'ai jamais pu contempler ces merveilles sans me sentir l'âme envahie d'une tristesse, d'une mélancolie indicibles, émue jusqu'à donner le ridicule spectacle que vous voyez... C'est beau, c'est trop beau pour que ceux qui comprennent et qui sentent ces choses puissent rester insensibles devant elles...

— Surtout lorsqu'ils se sentent isolés par le vaste monde et qu'ils se disent que jamais deux lèvres adorées ne leur parleront d'amour...

Elle fixa sur moi ses deux grands yeux inquiets, affectueux, puis me tendit la main et m'attira près d'elle, sur la dalle rugueuse...

M. Rettagliosi et sa sœur causaient en se promenant dans les allées du petit jardin et nous laissaient tout entiers à nos pensées. Le son de leurs voix joyeuses nous arrivait tantôt vibrant de sonores éclats de rire, tantôt affaibli et comme voilé par la distance. Il me semblait que j'étais seul avec elle, isolé pour la vie sur cette étroite plateforme perdue au milieu des airs, en présence des plus splendides magnificences de la terre et des cieux, et que nos deux cœurs unis dans une communion mystique battaient à l'unisson pour l'éternité...

L'âme remplie de pareilles émotions ne compte plus les heures. J'aurais passé ma vie ainsi, sans souci du reste du monde, si le comte n'était venu nous rappeler à la réalité en nous criant que la course matinale et l'air des hauteurs lui avaient aiguisé l'appétit, et qu'il attendait avec impatience que nous voulussions bien nous arracher à notre extase pour vaquer aux occupations fort prosaïques, mais malheureusement indispensables du déjeuner.

Mme di Lecco sembla sortir d'un long rêve; elle leva les bras, puis les laissa retomber avec accablement, secoua la tête comme pour chasser une idée importune, et nous suivit sans mot dire, sous l'ombre des lauriers et des viornes d'Italie, où l'on avait préparé le repas.

Le comte et sa sœur étaient d'un entrain, d'une gaîté folle. Le charme de cette délicieuse matinée, la beauté de cet horizon incomparable qui remplissaient nos cœurs d'une mélancolique tristesse, excitaient, au contraire, leur joie et leur bonne humeur. Les vins capiteux du Vésuve et de Sicile que M. Rettagliosi avait fait monter de Naples et qu'il nous versait à flots contribuaient sans doute aussi à réveiller sa verve et il se chargea largement de causer et de rire pour nous deux, que l'effort nécessaire à l'entretien d'une conversation futile aurait excédés.

Il ne fallait pas songer à redescendre avant que le soleil eût décliné à l'horizon. Il faisait bon sur cette plate-forme battue des vents; mais dans les chemins encaissés qui

devaient nous ramener à Naples, la chaleur
eût été intolérable. Ces dames se retirèrent
pour prendre quelque repos dans l'une des
cellules vides du couvent, tandis que le
comte s'étendait sur l'herbe pour fumer son
cigare et que je rassasiais mes yeux des
points de vue variés de cet immense horizon.

Notre retour fut triste ; le comte mau-
gréait contre la chaleur, j'étais trop ému,
j'avais trop besoin de causer avec moi-
même pour songer à rien dire ; nous se-
rions même redescendus directement à Naples si Mme di Lecco n'avait rappelé que
nous devions faire le tour du Pausilippe et
ne nous avait fait prendre la route qui suit
la crête des collines du Vomero. Même
après les Camaldules, disait-elle, les points
de vue du Pausilippe méritent le léger détour qu'ils vont nous imposer. Le comte ne
s'en souciait guère et nous suivait tout
maussade, cherchant l'ombre des grands
pins parasols qui élevaient çà et là au bord
du chemin leur gigantesque ombelle.

Cette route, bien que suivant constamment le faîte des collines, ne tient pas tout
ce qu'elle semble promettre de loin ; les
maisons des hameaux, les murailles des
villas et des jardins la bordent de chaque
côté presque sans interruption ; ce n'est
qu'à de longs intervalles qu'on peut jouir
d'une échappée rapide sur le golfe et les
plages lointaines de Castellamare. Mais
une fois qu'on a rejoint la route de Naples
à Pouzzoles qui contourne le cap, la scène
change comme par enchantement. Après

avoir traversé la croupe de la montagne en
serpentant dans une tranchée profonde et
pleine d'ombre, dont les balmes sont toutes
garnies de touffes de romarins, de lavandes
et de plantes odoriférantes, on débouche
brusquement sur une petite terrasse qui en-
serre un coude subit du chemin. Une muraille basse, comme la balustrade d'un balcon, protége contre une chute effrayante,
au fond de la plaine de Pouzzoles, qui s'é-
tend, immense lac de verdure, à une vertigineuse profondeur. Plus loin, les cônes
sombres des champs phlégréens, couverts
de forêts de châtaigners et de pins ; un peu
à gauche, la mer et l'immense courbure du
golfe de Baia, puis la petite île de Nisida, et
tout au fond le cap Misène, l'île basse de
Procida avec les hautes montagnes noires
d'Ischia dans le lointain, sur lesquelles pyramide le soleil baissant.

On domine moins cet horizon, borné cependant, que celui des Camaldules; moins
majestueux, sans doute, l'effet qu'il produit
est plus grand, plus saisissant. Nulle parole
humaine ne peut rendre la splendeur lointaine des sombres volcans d'Ischia qui sur-
gissent du sein des eaux, par de là les longues plages basses de Baia et de Procida.
Cette vue, au sortir de la gorge étroite qu'on
vient de traverser, ébranle l'être tout entier.
Ce sont là les émotions que durent ressentir
Vasco Nunez de Balboa et ses compagnons
en apercevant s'ouvrir à l'infini, du haut des
montagnes du Darien, la nappe dorée de
l'Océan-Pacifique que nul œil européen n'a-
vait encore contemplé... Comme pour le na-

vigateur espagnol, Ischia n'est-elle pas ma terre promise, la conquê'e impossible à laquelle appartiendront désormais toutes mes pensées ?...

Nous rentrâmes à Naples en suivant la longue pente du Pausilippe qui sert, durant l'hiver, de *corso* aux équipages de l'aristocratie. Le comte Beppo retrouvait sa gaîté à mesure que s'allongaient les ombres des collines et que la brise de mer nous apportait une plus douce fraîcheur. Bientôt suivit comme à l'ordinaire le dîner en famille, la promenade à Chiaia, les glaces et la musique à la *Villa-Reale*, puis la soirée prolongée en plein air au milieu des douces causeries, jusque bien avant dans la nuit, sur la terrasse du palais de Pizzo-Falcone.

Cumes, 15 septembre.

Voilà huit jours que j'ai quitté Naples, huit jours et plus que je ne l'ai pas vue et cette séparation, prévue cependant depuis la première heure et que je m'imaginais ne devoir être pénible que pendant quelque temps, me devient chaque jour plus cruelle et plus dure... Elle s'est faite si brusquement, si étrangement, sans que j'aie pu lui dire un dernier adieu, repaître une dernière fois mes yeux et mon souvenir de ses traits adorés... La surprise, la déception ont été si poignantes... et rien depuis lors n'est venu

adoucir ma peine, rien que cette morne solitude de Cumes, qui pèse sur moi comme la
pierre d'un tombeau... Ce ciel est si brillant,
son éternel azur si riant, si prodigue de
joyeux sourires qu'il me semble une amère
moquerie de ma tristesse...

Le lendemain de cette journée bénie où
ses larmes m'avaient ouvert son cœur dans
le petit jardin des Camaldules, je descendais
déjeuner plein d'une folle confiance. Un couvert manquait à la table de famille ; mes
yeux égarés firent le tour de la grande salle
et se reportèrent presque stupidement sur la
place vide qu'elle occupait la veille... Mᵐᵉ di
Lecco était absente...

— Vous cherchez ma nièce, me dit Mᵐᵉ Rettagliosi ; elle est repartie subitement ce matin pour Ischia par le paquebot de six heures, me faisant dire qu'un billet de son intendant réclamait sa présence dans ses pro-
priétés. Voilà l'époque des vendanges et sans
doute on avait besoin d'elle pour quelque
travail urgent.

— Oh ! ma mère, intervint le comte Beppo, c'est bien inutile de lui chercher une
excuse de ce genre ; Guendalina se soucie
bien de ses vendanges, en vérité ! M. Ernesti
l'a assez vue pour s'être aperçu de la bizar-
rerie de son caractère fantasque et versatile ;
gracieuse et bonne aujourd'hui, morose et
colère demain ; c'est son habitude ; quelque
chose que nous aurons dite hier sans nous
en apercevoir l'aura blessée, une nuit d'in-
somnie l'aura irritée contre Naples, un bouquet de gardénias fanées lui aura rappelé

Ischia et la voilà partie! Bon voyage, chère cousine!

Et le comte pirouetta sur ses talons en fredonnant la romance trop connue du duc de Mantoue :

La donna è mobile...

Je ne sais ce que je suis devenu les jours qui suivirent. Je me rappelle vaguement avoir visité les fouilles souterraines d'Herculanum, le musée de Naples, rempli d'inappréciables trésors archéologiques, des monuments, des églises, des basiliques étranges, sous les voûtes desquelles dansent dans mon souvenir d'énormes statues d'argent massif... puis être revenu ici, m'être mis au travail avec fureur pour chasser par la fatigue physique une préoccupation douloureuse, avoir pris la pioche du terrassier, découvert des inscriptions et des vases grecs enfouis depuis vingt cinq ou trente siècles et les avoir envoyés à M. Rettagliosi, qui m'a répondu ce matin une lettre enthousiaste de félicitations... mais ma vie s'écoule comme dans un rêve. De sombres brouillards emplissent mon âme et le soir, lorsque le disque du soleil s'est plongé dans les flots purs de la Méditerranée, je m'assieds sur la grève doucement caressée par les baisers de la vague assoupie et me demande si tout cela ne va pas s'évanouir, si je ne me retrouverai pas demain matin dans ma chambrette du quai Saint Antoine, honteux d'avoir trop dormi, laissé passer l'heure où m'attendent mes élèves et avec eux le prix de mon dîner du soir...

25 septembre.

Ainsi donc, voilà ma vie désormais...
travail, solitude et morne accablement... O
nature humaine, pétrie d'impuissance et
d'insatiables ambitions !... Si l'on m'eût dit,
il y a deux mois, que je serais ici, sous ce
beau ciel, libre d'employer à ma guise des
journées désormais assurées et d'absorber
mon intelligence dans d'intéressantes études archéologiques, j'aurais cru voir le ciel
s'ouvrir... Et je souffre aujourd'hui autant
peut-être que là-bas, alors que la misère et
les glaces du Nord rongeaient mon existence...

C'est insensé, n'est-ce pas ?... Comment
ai-je pu laisser mon cœur s'éprendre de
cette femme ?... Ne savais-je pas, dès la
première heure, qu'elle était pour moi plus
inaccessible que les blondes étoiles qui resplendissent dans le silence des nuits au fond
du ciel azuré... Ne me disais-je pas que
cette familiarité qui m'a tant surpris, tant
ému, tant charmé, n'indiquait qu'un sentiment de condescendance à l'égard d'un inférieur, d'une espèce d'intendant incapable
d'élever les yeux jusqu'à ses maîtres... Ses
maîtres... oui sans doute, elle est ma maîtresse, mais ce mot n'a pas de traduction,
en Italie, pour le double sens que nous lui
donnons...

Voilà le vrai supplice qui torture mon
cœur ; songer que je ne suis rien devant

elle, qu'elle rirait de mon amour si elle le
connaissait, qu'elle le regarderait peut-être
comme un outrage... Et cependant... pourquoi donc s'est-elle enfuie ainsi?... pourquoi m'a-t-elle témoigné si affectueuse sympathie, brusquement interrompue par cet
inexplicable départ... Allons! vais-je pas
me leurrer encore, chercher, afin de ravi-
ver et d'aigrir mes souffrances, d'impossi-
bles interprétations à des choses qui ne
sont que trop claires?...

Eh bien oui; pourquoi ne pas en convenir?
On aime à souffrir ainsi, on y trouve je ne
sais quelle âpre volupté et, quelque cruel
que me soit son souvenir, je ne voudrais
pour rien au monde l'effacer de mon cœur.
Elle est la première qui l'ait ému ainsi et
son image y restera gravée à jamais pour
illuminer ma vie au souvenir du seul rêve
d'amour qu'il ait formé, des seuls jours de
bonheur qu'il ait encore vécus.

Qu'elle était belle le soir où je la vis pour
la première fois, vêtue de blanc, tout embaumée du parfum des gardénias et ses
longs cheveux d'un blond rose tressés de
perles, comme une patricienne de Venise
dans les tableaux du Titien et du Tinto-
ret!... Ses grands yeux plus profonds et
plus lumineux que le ciel de son pays semblaient promettre de si enivrantes voluptés,
et sa voix grave et harmonieuse comme les
baisers de la vague sur la grève de Chiaia
faisait tressaillir mon être ainsi qu'un écho
des célestes concerts... De quelles clartés le
sourire qui venait entrouvrir ses lèvres de
corail illuminait son visage! Quelle grâce

dans sa démarche onduleuse, son port de reine et la cambrure de sa taille élégante... De quelles douceurs, de quels charmes elle enivrait mon être lorsqu'elle me parlait de la France pour lui comparer les splendeurs de son beau pays et cherchait à panser d'une main discrète et compatissante les blessures qui ont flétri ma jeunesse!...

Mais à quoi bon songer à ces choses?.... C'est fini, maintenant, c'est fini ; ce moment d'ivresse et de folie est passé pour jamais et je ne dois lui conserver au fond de mon cœur que le culte d'un croyant pour son Dieu....'. Je l'ai adorée comme un rayon de l'infinie beauté égaré sur la terre ; c'est l'artiste plutôt que l'homme qu'elle a ému en moi..... Ne puis-je pas toujours l'aimer ainsi et son souvenir ne doit-il pas égayer ma blanche demeure, durant les longues heures du jour où tout dort au loin dans la campagne et sur la mer, où le soleil semble s'arrêter au plus haut des cieux, où nulle vague ne vient rider la surface étincelante de la Méditerranée, nulle brise chanter dans le feuillage délicat des oliviers pleureurs qui m'entourent et faire trembler leur ombre bleuâtre sur le sable doré de ma terrasse.....

Elle m'avait pourtant dit qu'elle viendrait me voir avec son oncle, et l'on me laisse seul ici, sans nouvelles depuis longtemps.... Peut-elle songer à moi, au milieu de la brillante société qui l'entoure, sans doute, et des hommages empressés dont elle est l'objet de la part de tous? Quel bonheur, cependant, si elle était venue ici charmer de sa présence ces lieux si tristes, peupler ma solitude de son cher souvenir !...

Plusieurs fois, cette semaine, une barque légère est venue passer devant la côte, se détachant comme un nuage blanchâtre sur l'azur sombre des flots. Mes ouvriers ont répondu sans hésitation à ma demande, que c'étaient des pêcheurs de Procida, entraînés à la recherche de quelques huîtres échappées du lac Fusare ; mais une idée folle s'est emparée de moi, malgré son invraisemblance. Je me persuade que ce doit être elle, en promenade dans une yole de plaisance ; je suis monté en courant comme un insensé au sommet de l'acropole de Cumes, regrettant avec amertume de n'avoir pas même une simple lunette de théâtre. Je suis resté de longues heures, sur ce tertre brûlé du soleil, suivant des yeux la blanche voile qui courait des bordées, puis a fini par disparaître dans la pourpre du soir, du côté où s'élèvent du sein des flots les sombres montagnes d'Ischia.

En vain, j'ai fatigué mes yeux, brûlés par l'intensité de la lumière marine, à fixer ce point blanchâtre que la distance estompait de plus en plus, je n'ai rien pu distinguer... Je sais bien que ce n'est pas elle, mais cette illusion m'est chère et j'aime à en leurrer mon cœur... Je sais qu'elle est là-bas, au pied de ces montagnes noires et abruptes qui dentellent l'horizon méridional de leur âpre et rugueuse silhouette, je sais qu'elle m'a oublié, que j'ai à peine été une distraction d'un jour dans son existence ; mais ma pensée erre sans cesse auprès d'elle, sans cesse mes yeux tournés vers l'Epoméo dévorent l'espace vide et immense qui me sépare des rivages d'Ischia...

Lecco-d'Ischia, 30 septembre.

Midi approchait. Mes ouvriers avaient interrompu leurs travaux pour prendre leur repas et s'étaient disséminés çà et là dans les tranchées, à l'ombre des hautes berges de terre, un oignon cru ou un plat de macaroni à la main. J'avais travaillé avec eux une bonne partie de la matinée, puis avais passé plusieurs heures a rédiger des notes sur les derniers vestiges antiques mis à jour par nos fouilles; j'étais fatigue de corps et d'esprit, et après un frugal déjeuner, je m'étais étendu dans un hamac, devant ma fenêtre ouverte au couchant, sur la Méditerranée, et par laquelle le soleil, à peine au sommet de sa course, ne pénétrait pas encore. Bercé par le doux murmure des vagues qui déferlaient à quelques pas de moi sur la grève, et par ce bourdonnement sourd qui s'exhale au loin dans la campagne en ces jours de chaleurs torrides, je regardais vaguement, dans un état de demi-sommeil, l'atmosphère embrasée trembloter à l'horizon, et les méandres capricieux dessinés par l'ombre éparse et claire des oliviers sur le sable jaune qui s'étendait en pente devant moi jusqu'au rivage; toup à coup un bruit de rames, des éclats de voix et des pas précipités qui se rapprochaient de plus en plus m'arrachèrent à mon apathique rêverie. A peine levai-je la tête pour écouter, que M. Rettagliosi vint s'encadrer dans l'ouverture de ma porte fenêtre et s'écria, en me saluant joyeusement :

— Eh bien ! je viens vous surprendre, vous arracher un peu à cette solitude dans laquelle vous devez vous morfondre ; je viens surtout vous féliciter des beaux résultats obtenus par vos premiers travaux !

Je m'empressai de servir des rafraîchissements auxquels M. Rettagliosi fit largement honneur, puis nous allâmes visiter les fouilles.

Il se montra émerveillé de la direction que j'avais donnée aux travaux, approuvant tout, louant sans réserve toutes les mesures que j'avais prises. Il me témoigna une vive satisfaction de l'économie avec laquelle j'avais disposé mes chantiers et sembla particulièrement frappé du système de tranchées superposées, sous des angles différents, qui permet de prévoir d'avance les périodes pendant lesquelles les ouvriers peuvent travailler à leur aise et celles au contraire où la plus incessante surveillance devient nécessaire pour éviter la perte et le bris d'aucun vestige précieux.

Après un long et minutieux examen, comme j'allais donner l'ordre à la femme du contre maître, qui me sert de cuisinière, de nous préparer un dîner un peu plus soigné que mon modeste ordinaire, il me retint par le bras.

— Non pas, s'écria-t-il ! Je ne vous laisse pas ici ; j'ai mandat, et mandat impératif, comme vous dites en France, de vous amener ce soir à Ischia, où ces dames nous attendent pour dîner... Au fait, vous ignorez, sans doute, que nous sommes depuis quelques jours en villégiature à Lecco, chez ma nièce, à l'extrémité de l'île la plus rapprochee d'ici et que l'on apercevrait facilement du sommet de ces collines ; c'est une petite promenade en mer de deux ou trois heures et même moins avec un peu de brise. Vous verrez une délicieuse résidence d'été, qui vous fera oublier le triste séjour des longues plages de Cumes. Ces dames ont déjà formé mille projets d'excursions et de fêtes charmantes... Mais elles vous raconteront elles-mêmes tout cela ce soir, et il est temps de faire vos préparatifs de départ, si vous ne voulez qu'on me gronde pour m'être mis en retard.

J'allais donc la revoir... Dans quelques heures j'entendrais sa douce voix, je m'enivrerais à mon aise du parfum de poésie qui émane de toute sa personne... Et je serai chez elle, je saurai quelle est sa vie, je pourrai plus tard, à chaque heure, me dire elle est là, dans tel endroit, reposant ses grands yeux sur tel paysage... Je pourrai la revoir dans ma pensée et me figurer encore que je suis près d'elle... Mais elle a donc songé à moi !... Elle s'est donc rappelé mon existence morne et solitaire, pleine de vides, de découragements et d'ambitions inassouvies... Elle a voulu me donner encore quelques jours de bonheur pour m'aider à supporter

les longs ennuis qui m'attendent cet hiver...
Mon Dieu! qu'elle est bonne, et que je
l'aime!...

Et tandis que j'entassais d'une main fé-
brile quelques objets dans une petite valise,
je voyais se dissiper, comme aux premiers
rayons du matin, les brumes légères que
parfois la nuit étend sur les flots, toutes les
résolutions de sagesse, de réserve, de rési-
gnation et de désespérance que j'avais depuis quinze jours laborieusement edifiées en
mon cœur. Je sais bien que jamais je ne
verrai s'ouvrir ses lèvres pour me murmurer de douces paroles d'amour ; mais qu'importe! je vais vivre près d'elle, dans quelques heures, je serrerai sa petite main dans
les miennes... et puis, qui sait? Ce qu'ont
ordonné les destins éternels ne s'accomplit-
il pas, même malgré la volonté des dieux?

En dépit de mes efforts pour rester calme
et ne pas ressembler devant M. Rettagliosi
à un écolier qui part pour les vacances, je
courus comme un fou dans les tranchées,
donner quelques instructions aux ouvriers,
qui se trouvaient précisément avoir com-
mencé le matin même, des déblaiements
dans le terrain moderne et avaient au moins
pour huit grands jours d'ouvrage avant
d'atteindre le sol antique. C'était autant de
liberté que je pouvais prendre sans remords
et je vis s'éloigner avec un inexprimable
bonheur les longues plages basses de Cumes, qui s'enfoncèrent bientôt à mes yeux
sous les flots.

Le vent soufflait du nord en faible brise,
trop lente au gré de mes désirs, et enflait

doucement notre grande voile latine qui
nous abritait des rayons du soleil brûlant.
Mollement étendu sur l'une des banquettes
de la barque, je me retenais d'une main au
bordage et sentais la fatigue du jour, le
bruissement monotone des flots qu'entrou-
vrait notre proue, le balancement régulier
de l'embarcation sur les vagues me plonger
peu à peu dans une douce torpeur. Tantôt enlevés au sommet d'une lame, tout
l'immense horizon des îles étincelantes
d'une magique lumière et les gracieux contours des côtes nous apparaissaient un instant; puis, la barque, en se précipitant au
fond d'une vallée marine, ne laissait plus
apercevoir que des montagnes d'eau d'un bleu
sombre, recouvertes par l'azur resplendissant des cieux.

Peu à peu le cône dentelé des volcans
d'Ischia surgissait devant nous et s'élevait dans le ciel. Nous distinguions son
ossature tourmentée et rugueuse, ses con-
treforts boursoufflés de gros rochers de
lave noirâtre qui semblaient rouler jusqu'à la mer; çà et là les larges plaques de
verdure des forêts qui en escaladent les pentes, les taches plus glauques des bois d'oliviers sur lesquels s'enlevaient de blanches
villas. Nous nous dirigions vers la pointe
occidentale de l'île, formée par d'énormes
coulées de basalte sombre, qui nous apparaissaient de loin comme de gigantesques
mastodontes antédiluviens, accroupis au
bord des eaux. Leurs pentes plongeaient
abruptes dans la mer et je me demandais si
nous n'allions pas nous briser contre ces

rocs hérissés et déchiquetés par les assauts
des vagues qui les couvraient sans cesse de
gerbes d'écume, lorsqu'un coup de barre fit
faire un léger détour à l'embarcation ; je vis
s'ouvrir entre deux hauts rochers une étroite
passe au fond de laquelle s'encadrait le plus
délicieux paysage qu'on puisse rêver, tandis qu'une bouffée intense du parfum des
gardénias venait nous frapper au visage.
Nos rameurs laissèrent glisser le long du
mât la voile qui retomba molle et sans forces
et nous entrâmes doucement dans un petit
bassin circulaire, où les ondes s'aplanis-
saient calmes et transparentes à l'abri de la
houle du large.

C'était évidemment le fond d'un ancien
cratère, comme il en existe tant dans les
montagnes de l'île. Au nord, l'action des
flots, ou peut-être une dernière convulsion
séismique l'avait égueulé, éventré pour creuser dans ses parois l'étroite passe par laquelle nous venions d'entrer. A l'opposite,
le terrain s'élevait en pente douce jusqu'à
une haute muraille de rochers qui enser-
raient de toutes parts un espace circulaire
et par-dessus laquelle apparaissaient les
cimes dentelées de l'Epoméo. Une végétation luxuriante remplissait ce vaste cirque;
çà et là des bosquets d'orangers de citronniers, de mandariniers, de la verdure fon-
cée desquels émergeaient les masses bleuâ-
tes des vieux oliviers pleureurs; puis de
verdoyantes prairies, parsemées de grena-
diers encore chargés de fleurs et de fruits
rouges, et surtout d'énormes massifs de gardénias gigantesques, constellées d'étoiles

blanches qui embaumaient l'atmosphère de leurs énivrantes senteurs. Au centre à peu près, sur un petit monticule qui avait été probablement l'un des cônes de déjection du volcan s'élevait une *palazzina* à l'italienne, flanquée d'une grosse tour ronde très élevée, dont la plate-forme devait dépasser la muraille de rochers environnante et dominer les vallées de l'île et la pleine mer. Quelques palmiers, plantés autour de la palazzina, balançaient au-dessus de sa terrasse balustradée de marbre, les longs panaches de leur tête auréolée. Jamais, même en songe, je n'avais rêvé d'Eden plus enchanteur.

— Voilà *Val d'Aranci*, le château de ma nièce, me dit le comte en sautant sur la grève de sable noirâtre, où notre barque venait d'enfoncer son éperon ferré ; j'espère que vous y passerez d'agréables journées.

Un murmure confus de voix sortait de derrière un massif de gardénias, et bientôt après apparaissait au détour d'une allée un essaim de jeunes femmes en fraîches toilettes d'été qui s'avançaient vers nous avec empressement. C'était Mmes Rettagliosi, Mme di Lecco et quelques-unes de leurs amies.

On nous salua par des cris de joie ; ces demoiselles accoururent embrasser leur père et me tendirent amicalement la main.

— Soyez le bien-venu chez moi, me dit gracieusement Mme di Lecco tandis que je pressais sur mes lèvres frémissantes sa petite main qui tremblait un peu ; puissiez-vous y rester longtemps et ne pas trop regretter au milieu de notre frivolité et de nos rires votre calme existence et vos attachants travaux de Cumes !

Que lui répondre qui ne fût pas un aveu ? Craignant que des paroles trop brûlantes ne s'échappassent malgré moi de mes lèvres, tout enivré du bonheur de la revoir plus gracieuse, plus belle, plus adorable que jamais, je gardai stupidement le silence, dévorant des yeux son frais visage, animé par la promenade et le grand air. Elle m'offrit gaîment de me faire visiter son domaine, son domaine où elle était reine, me dit elle, à cent lieues de l'univers, perdu dans une enceinte inaccessible de rochers et où nul ne pénétrait, d'où nul ne sortait sans sa permission.

— C'est le château enchanté de l'Arioste, lui dis-je, mais l'enchanteresse n'a pas besoin de magie pour retenir soumis à ses pieds les trop heureux mortels que leur bonne étoile a conduits sur ces fortunés rivages !

— Prenez garde ! répondit-elle en me menaçant du doigt ; du haut de ces rochers on pourrait apercevoir à l'horizon l'île et le promontoire de Circé, la magicienne, et si l'esprit critique du savant moderne se refuse à voir dans les aventures de la fille du Soleil autre chose qu'une allégorie mythologique, cette vieille légende doit néanmoins vous avertir combien sont dangereuses les femmes de mon pays pour ceux qui se confient imprudemment à elles.

— A moins qu'un bon génie ne les ait munis de ce talisman, de cette fleur blanche de l'amour pur que les dieux de l'Odyssée appellent Moly et qu'eux seuls peuvent arracher du cœur où elle a jeté ses noires racines...

— Alors ce serait à moi de trembler et de m'enfuir, de peur que je n'eusse à craindre de vous voir vous précipiter sur moi l'épée nue à la main, comme Ulysse prévenu par Mercure, me demandant de rendre sa liberté, sa jeunesse et sa vigueur à votre esprit que j'aurais captivé à mon insu...

Et riant aux éclats, elle prit mon bras et m'entraîna dans les allées ombreuses du parc qui occupait le fond de cet ancien cratère.

— Voyez, me disait-elle en me montrant de la main la muraille de basalte qui nous entourait de toutes parts de sa haute falaise sombre, impossible de sortir d'ici, impossible d'y entrer sans un siége en règle ; la prison, d'ailleurs, n'a rien d'affreux ; les sources qui jaillissent des flancs de l'Epoméo me donnent les plus belles prairies des Deux-Siciles, parsemées de fleurs comme les champs d'Enna où fut ravie Proserpine, ainsi que cette végétation luxuriante qui pourrait, je le suppose, soutenir la comparaison avec vos célèbres forêts de la Gaule !

— Aujourd'hui surtout que des vandales les ont impitoyablement rasées pour leur substituer des échiquiers de ceps rabougris, voire d'infertiles pâturages...

— Vous voyez donc que la cage est jolie et que les oiseaux n'y doivent point être trop malheureux. Mais allons ; je suis bonne reine. Circé, aujourd'hui, si elle n'est plus fille du Soleil, ne garde plus du moins ses

prisonniers de force ou par le secours de
ses enchantements; elle n'estime que les captifs volontaires. Venez, que je vous montre
l'accès de mon royaume.

Et, m'entraînant dans une allée plus large
et plus battue que les autres, elle me conduisit au sud-est jusqu'au pied de la falaise de basalte, aux flancs rocailleux de la
quelle s'attachaient des myriades de petites
plantes méridionales. Des massifs de cyprès,
de chênes-nains, de bruyères arborescentes,
de lauriers-roses couverts de fleurs s'élevaient çà et là sur les pelouses. La route
contournait l'un d'eux et semblait s'arrêter
net au pied des rochers. Mais une ouverture
presque circulaire de quelques mètres à
peine en tous sens échancrait leur base.
Mme di Lecco s'y engagea résolûment, guidée
par un point lumineux qui scintillait devant
nous et que nous ne tardâmes pas à atteindre; c'était la sortie extérieure du tunnel.

— Voyez, me disait-elle en me montrant
les parois des rochers polies et striées
comme par le passage d'un glacier, des torrents de feu roulèrent jadis dans ces profondeurs. Nous sommes dans ce que nous ap-
pelons *una sciarra*, une cheire, comme disent, je crois, vos ingénieurs, le lit d'une
ancienne coulée de laves que vomissait le
cratère où se trouve aujourd'hui Val d'A-
ranci; quel infernal chaos devaient être
alors ces lieux si riants, et comme la nature
revêt en peu de temps d'une parure toujours
jeune les plus affreuses scènes d'horreur!...
Au-delà de ces rochers, sur une mer de laves refroidies, voici mes domaines, mes

champs de blé, mes bois d'oliviers, mes vignes qui s'enlacent au tronc noueux des érables, jusqu'à la route de Casamicciola et du *borgo* d'Ischia... Et maintenant que vous avez inspecté mes terres, rentrons au logis ; aussi bien voilà la cloche du dîner qui nous appelle, et dont le joyeux carillon nous parvient à peine par-dessus ces collines de basalte, sous lesquelles il nous faut passer de nouveau pour rentrer dans mon empire.

On dînait en plein air, sous les palmiers de la terrasse, dans l'atmosphère embaumée de ce ciel d'azur, plus somptueux et plus étincelant que les lambris dorés d'un palais. Des oiseaux familiers, de petites perruches vertes d'Australie, des bengalis bleus et rouges, des septicolores voltigeaient en gazouillant autour de leur maîtresse et attrapaient au vol les miettes de pain ou les grains de riz qu'elle leur lançait, tandis qu'un superbe cacatoès blanc à huppe rouge, perché près d'elle, la flattait doucement avec toutes sortes de mines câlines pour en obtenir quelques friandises et qu'un ara ararauna, au corps orangé, au manteau d'azur, nous parlait gravement du haut des balustrades de marbre blanc, attendant qu'on voulût bien lui donner aussi sa part. Elle m'avait placé près d'elle, et le comte Beppo, qui avait fait bonne chasse dans les bois de l'Epoméo, animait le repas de sa gaîté communicative. Don Egidio, le vieux chapelain de la famille, accompagnait chaque rasade d'une citation latine qu'il lançait à mon adresse en clignant de l'œil d'un air bonhomme et qui devenait chaque fois le sujet des réclamations des dames Rettagliosi et de Mlle Erka, la demoiselle de compagnie allemande de la jeune marquise.

Cette dernière, qui avait habité Paris, disait-elle, s'était empressée de m'adreser la parole en français, qu'elle parlait avec un accent détestable, et malgré mon affectation à lui répondre en italien, — don Egidio m'avait prévenu qu'il comprenait difficilement nos idiomes étrangers, — elle s'obstinaità se servir de cette langue, comme pour montrer à tout le monde qu'elle la connaissait. Elle semblait, d'ailleurs, faire de véritables efforts pour me plaire. C'était une jeune femme de vingt-cinq ou vingt-six ans, peut être davantage, — il nous est difficile d'apprécier bien au juste l'âge des personnes du Nord ; — ses traits réguliers et calmes respiraient une tranquillité heureuse ; comme Mme di Lecco, elle laissait tomber librement ses cheveux en deux longues tresses sur ses épaules, mais leur blond cendré contrastait avec l'or bruni de ceux de la jeune marquise autant que ses yeux pâles, presque gris, avec le feu sombre qui jaillissait de ceux de sa maîtresse.

Le soleil avait disparu derrière les cimes barbelées des eucalyptus bleuâtres qui s'élevaient dans le parc et une douce fraîcheur montait lentement du petit golfe à peine ridé par l'ébranlement lointain de la houle du large. Plus délicieuse soirée, je n'en retrouve pas dans mon souvenir ; je me refusais à voir plus loin dans ma vie que ces huit jours que je devais passer à Val d'Aranci ; j'étais près d'elle, je l'avais retrouvée plus belle, plus

charmante, plus adorable que jamais, et
l'heure presente était tissée tout entière de
poésie, d'amour et de bonheur.

Nous nous levions de table pour nous
asseoir sur ces siéges mobiles au doux balancement, véritables berceuses importées,
dit-on, d'Amérique et en grand usage dans
le royaume de Naples, lorsque je vis s'avancer entre les massifs un jeune homme en
toilette, chevauchant sur un âne au ventre
rebondi. La bête était petite et trappue, le
cavalier de haute taille, si bien qu'à certains
moments le talon de ses bottes effleurait
l'herbe des pelouses et presque le sable de
l'allée. Il se tenait si guindé sur sa monture,
qui marchait lentement, la tête basse, la
disproportion de la bête et du cavalier présentait un spectacle si grotesque que je par-
tis d'un franc éclat de rire.

M. Rettagiosi se retourna :

— Ah! voilà M. Sommerhorn qui vient
passer la soirée avec nous, dit-il.

Mlle Elka, qui me parlait de Paris, tressaillit, puis, voyant la cause de mon involontaire gaîté, me jeta un regard irrité, presque méchant, et, me plantant là, s'avança
rapidement à la rencontre du nouvel arri-
vant en lui lançant un chaleureux :

— *Guten abend mein herr! Wie befinden
sie sich, heute?*

Celui-ci descendit, ou plutôt sortit posément de dessus son âne, donna une vigoureuse poignée de main à Mlle Elka et s'avança
vers nous à pas comptés.

Mme di Lecco s'approcha de moi :

— Ne vous moquez pas trop de M. Sommerhorn et de sa monture, me dit-elle à voix basse ; je sais qu'en France l'âne est un animal quelque peu ridicule ; mais nous sommes à Ischia et le *ciuciù* est la seule bête de somme de l'île...

— De somme... peut-être, au propre et au figuré ; mais de selle ?

— De selle aussi, vilain railleur, et vous serez bien heureux d'en trouver un demain pour faire le tour de l'île avec nous.

— D'une taille un peu plus élevée, je l'espère, au moins, bien que je n'aie pas les jambes aussi longues que ce monsieur.

— Je vous donnerai *Cressida*, monsieur le difficile, ma haquenée blanche et sans tache, celle que je monte d'ordinaire, et je pense que vous daignerez faire bon ménage avec elle !...

M. Sommerhorn saluait avec un respect étudié la jeune marquise, qui me présenta à lui.

C'était un beau cavalier, dans toute la force du terme ; sa taille élevée, ses larges épaules, ses mains courtes et massives annonçaient une force herculéenne ; il portait les cheveux presque ras et d'épaisses moustaches taillées en brosse. Un je ne sais quoi de farouche dans la physionomie et de brusque dans les mouvements, malgré une préoccupation visible de veiller sur ses moindres actes, lui donnait plutôt l'air d'un officier en bourgeois que d'un banquier. Ses yeux d'un bleu blanchâtre, profondément enfoncés sous d'épais sourcils presque jaunes, fixaient rarement son interlocuteur ;

mais son regard, lorsqu'on pouvait le saisir, avait une dureté froide, sans chaleur, sans vie et comme implacable. Alors que tout le monde dans cette maison rivalisait à mon égard d'affabilité, de bienveillant empressement, et je dirai même d'affectueux intérêt, il m'accueillit avec une familiarité hautaine, comme un domestique que l'on daigne admettre pour une heure dans son intimité. Que m'importaient, après tout, l'opinion et les manières de cet étranger ?... Rien, assurément, mais mon cœur se serra à son arrivée et la douce quiétude, le bonheur véritable dont je jouissais depuis le matin fit place à un involontaire sentiment d'effroi. J'avais beau me répéter que cet homme était un visiteur passager qui repartirait dans une heure, un nuage fugitif qui ne pouvait pas même jeter une ombre sur ma vie, malgré moi je voyais en lui un ennemi et je restais anxieux, interdit, attendant le combat.

Le combat ne vint pas, cependant ; chaque fois, au contraire, que la conversation tombait sur une question d'archéologie ou d'antiquités italiotes, M. Sommerhorn affectait de me demander cérémonieusement mon avis, mais de cet air doctoral et pédant que prennent certains professeurs pour examiner un écolier. On se mit à parler des fouilles entreprises à sa villa de Casamicciola, et le ton de maître d'école qu'il affectait à mon égard devint si choquant que M. Rettagliosi en parut tout stupéfait et que je crus remarquer, — est-ce de la présomption, mon Dieu ! — une irritation visible

chez Mme di Lecco. Cela seul m'aurait fait
bénir la suffisance prétentieuse de cet Allemand, dont j'étais, d'ailleurs, plus porté à
rire qu'à me fâcher, tant elle me parut, au
bout de quelques instants de causerie, peu
justifiée par un réel savoir.

Sans doute il avait amoncelé dans sa tête
une immense quantité de documents de
toute nature ; sa mémoire contenait un merveilleux arsenal de faits, de notes et de remarques, mais voilà tout ; pas une idée générale, pas le moindre talent de mise en
œuvre, pas la moindre compréhension vraie
de l'esprit, de la vie, du génie, en un mot,
de ces sociétés disparues, dont il connaissait jusqu'au dernier tous les plus minces
vestiges ; c'était un dictionnaire vivant,
mais un dictionnaire inerte et inintelligent
comme un livre inanimé, un dictionnaire
que nulle faculté maîtresse ne venait coor-
donner et mettre en œuvre. Or, la science
consiste moins dans cet entassement de faits
et d'arguments, qui fut la scolastique du
Moyen-Age, que dans l'intelligence, l'imagination, la perspicacité et cette sorte de di-
vination qui sait tirer parti du butin informe
recueilli çà et là.

Je m'aperçus bien vite que je n'étais pas
le seul à me tenir sur la défensive avec M.
Sommerhorn. Don Egidio ne paraissait pas
précisément le porter dans son cœur et, à
en juger par ce qui se passa entre eux, il
me sembla bien avoir ses raisons pour cela.
On en vint à parler de fouilles toutes récentes que M. Sommerhorn avait dû poursuivre sous une coulée de laves relativement

modernes, d'une dureté extrême et dont l'enlèvement avait causé de nombreuses difficultés aux ouvriers malhabiles et surtout mal outillés pour ce travail. M. Sommerhorn, espérant sans doute éblouir un simple archéologue par un étalage de sciences exactes, entra dans de grandes explications sur la nature de ces laves, qui différaient complétement, d'après lui, de celles du Vésuve et dont la composition, se rapprochant de celles du Stromboli, établissait une parenté entre les volcans insulaires, formant un groupe distinct de ceux de la terre ferme.

Il trouva à qui parler dans don Egidio, qui était un géologue distingué, et lui démontra en quelques mots que ce qu'il avançait n'avait pas le sens commun.

— Si réellement, ajouta-t-il, la composition des laves que vous avez étudiées est essentiellement différente de celles du Vésuve, l'explication en est bien plus simple et n'exige pas le pénible échafaudage d'une théorie nouvelle; les roches natives des couches profondes de l'Epoméo rencontrées et décomposées par les infiltrations marines ne sont pas de même nature que celles du Vésuve; voilà tout.

— Alors, ricana d'un air insolent M. Sommerhorn, *il signor cappellan* admet la théorie neptunienne et nie le feu central; *il signor cappellan* n'a donc pas lu sa bible et les dogmes de l'enfer et du feu éternel, ou s'il les jette du même coup aux orties?...

Don Egidio se leva sans mot dire et, prenant mon bras, m'entraîna avec lui.

— Rustre d'Allemand, grommelait-il, insulter ainsi un prêtre de mon âge!

— Le fait est que M. Sommerhorn ne représente pas précisément l'aménité en personne, et je ne m'explique pas trop pourquoi on l'accueille avec tant d'empressement dans une maison où il semble prendre à tâche de blesser tout le monde.

— Excepté *la signora* et Mᵐᵉ Elka!.. D'ailleurs, on ne m'a pas consulté pour l'admettre ainsi dans l'intimité, repartit le vieux chapelain d'un ton bourru ; *la signora* s'est laissée prendre à quelques attentions fort habiles que ce gibelin maudit a eues pour elle.... Moi, je n'en augure rien de bon, et vous?

— Moi non plus, répondis-je, quelque peu étonné de la confiance et de l'affection subites que me témoignait le digne homme.

— Avez-vous remarqué comme il a le regard faux, poursuivit il. Et puis, je n'aime pas les Allemands ; ils ont trop longtemps écrasé, foulé, tyrannisé mon pays et me semblent toujours autant d'oiseaux de malheur prêts à se précipiter sur une proie!....

— C'est peut-être aller un peu loin, répondis je en souriant ; il ne faut pourtant pas méconnaître leurs bonnes qualités ; ils en ont beaucoup et c'est, sous de nombreux rapports, un peuple très-remarquable.

— Non, non, continua-t il en poursuivant son idée avec l'obstination des vieillards ; c'était aussi l'avis du général Mezzocorpo, qui était ici il y a quelques jours. *Questo banchierone* ne me dit rien qui vaille, m'a-t il bien souvent répété, et ses courses soi-disant géologiques dans toute l'île lui permettent d'en étudier la topographie avec une singulière attention ; savez-vous qu'Ischia ferait une excellente base d'opérations pour une expédition contre Naples et une possession plus belle encore dans la Méditerranée ?.. Elle n'a pas les falaises profondes de Capri, qui permettent d'y débarquer par les vergues des bâtiments un corps d'armée pour la reconquérir par surprise sur ses envahisseurs !...

Les projets belliqueux attribués par le brave ecclesiastique au banquier francfortois me firent sourire, tant ceux que je redoutais chez lui étaient de nature différente. Nous nous promenâmes quelque temps côte à côte en silence, puis, apercevant au détour d'une allée M. Sommerhorn qui s'avançait en causant avec M. Rettagliosi, don Egidio pirouetta brusquement sur ses talons.

— Rentrons à la palazzina, me dit-il ; la nuit est venue.

Mme di Lecco s'était mise au piano et exécutait une suite de valses italiennes de salon, pleines de grâce et de fougue entraînante. Peu après, M. Sommerhorn rentra et la pria de chanter.

— Bien volontiers, dit-elle, si vous voulez m'accompagner ; et se levant pour lui céder la place au clavier, elle ouvrit la partition de la *Norma* à l'admirable prière du premier acte.

— Le piano est un peu bas, ajouta-t-elle ; il sera nécessaire de transposer d'un ton.

Le visage de M. Sommerhorn s'empourpra.

— Le piano n'est pas à transpositeur, dit-il, et j'ai un peu perdu l'habitude de lire dans les différentes clés; si encore c'était de la musique allemande, je le ferais plus facilement; mais je ne suis pas familier avec ces accompagnements à l'italienne.

Don Egidio réprima à peine un large éclat de rire.

— Eh bien! alors, reprit posément Mme di Lecco, je vais vous chanter le *Lac*, de Niedermeyer; cela se rapproche davantage de la musique de votre pays et vous le transposerez avec moins de peine.

M. Sommerhorn fit courir ses mains sur le clavier, ébaucha une modulation qui aboutit à un ton opposé à celui qu'il cherchait, voulut se remettre dans la bonne voie, frappa quelques accords faux, bref, s'embrouilla complètement.

— Allons, dit en riant Mme di Lecco, je crois qu'il sera plus simple de ne rien changer; cela me fatiguera un peu, mais j'espère bien quand même en venir à bout.

Je vis là une occasion inespérée de prendre une revanche; un coup d'œil de don Egidio me donna du courage, et m'approchant du piano:

— Ce serait vraiment dommage, madame, de vous forcer ainsi la voix; on m'a fait jadis beaucoup transposer à livre ouvert; tout cela est bien oublié aujourd'hui; mais j'espère cependant me rappeler assez les harmonies du *Lac* pour pouvoir vous accompagner sans encombre jusqu'à la fin, si M. Sommerhorn veut bien me le permettre.

Don Egidio riait de plaisir dans son coin.

M. Sommerhorn se leva en me lançant un regard haineux.

— Certainement, dit-il d'un ton mielleux qui contrastait étrangement avec l'expression de sa physionomie. Si M. Ernesti a été accompagnateur dans un théâtre, je n'aurais garde de lui disputer une fonction qu'il doit remplir à merveille!

Je m'assis sans chercher à relever cette insinuation aussi puérile que blessante et commençai l'introduction de l'adorable cantilène de Niedermeyer.

Je n'avais jamais entendu chanter Mme di Lecco. Sa voix d'une étendue admirable, pleine, timbrée, sonore et veloutée avait des inflexions d'une douceur enchanteresse. C'était lumineux comme le ciel napolitain. *Casta diva* surtout, qu'elle chanta ensuite, enthousiasma jusqu'au fond du cœur toutes mes fibres d'artiste et de musicien et je ne sais qu'elle force surhumaine m'empêcha, lorsque la note se fut éteinte, de me jeter à ses pieds et de les couvrir de baisers. Une nouvelle attaque de M. Sommerhorn vint bientôt me précipiter des sphères élevées où m'avait emporté cet art divin, dans la dure réalité. Comme il achevait de complimenter Mme di Lecco, je quittais le piano, lorsqu'il se tourna vers moi avec un empressement affecté.

— Restez, monsieur, me dit-il; vous occupez trop bien cette place pour que nous ne vous y retenions pas, et je pense que vous allez nous jouer quelques valses afin que nous puissions faire danser un peu ces dames.

— Y songez-vous, s'écria le comte Beppo !
Nous sommes ici trois jeunes gens et sept
ou huit danseuses, et c'est l'un de nous que
vous voulez retenir au piano! Giovanna,
dit-il en se tournant vers sa sœur, joue-
nous quelque chose ; l'une de ces dames te
remplacera tout à l'heure, et tu seras la
reine du cotillon pour ta peine.

Je voulus insister, pretexter que depuis
longtemps j'avais renoncé à la danse, oublié
même les mouvements. Mme di Lecco vint à
moi :

— Tout cela est bel et bon, monsieur, me
dit-elle gentiment ; mais j'ai mis dans ma
tête de faire un tour de valse avec vous, et
j'ai l'habitude de voir toujours satisfaire
sans réplique toutes mes fantaisies.

Elle mit les deux mains sur mes épaules,
à l'allemande, et j'enlaçai dans mes bras sa
taille souple et svelte. M. Sommerhorn s'a-
vança précipitamment :

— Mais vous m'aviez promis la première
valse, s'écria-t-il d'un ton assez piteux...

— Je ne m'en souviens pas, répondit-elle
presque sèchement, et nous nous élançâmes
en tournant au milieu du salon.

Je n'ai jamais aimé la danse. A l'époque
même où je faisais mes premiers pas dans
les plus somptueux salons de Marseille et
où rien dans ma vie n'avait encore imprimé
à mon cœur cette instinctive timidité et cette
défiance farouche du monde qui me font
préférer la solitude aux plus brillantes réu-
nions, cet art difficile me paraissait déjà une
profanation de la dignité humaine, un travail pénible et dégradant à laisser aux ou-

vriers dont c'est le métier sur un théâtre Je
ne comprenais pas surtout que le monde
jetât entre mes bras, haletante et demi-nue,
abandonnée aux plus ardentes étreintes, une
jeune fille dont il me défendait ailleurs d'ef-
fleurer même le bout des doigts; puis, lorsque l'ivresse du bal commençait à monter
au cerveau, qu'il m'ordonrât de la recon-
duire froidement, cérémonieusement près de
sa mère, comme si je ne venais pas de ternir
la pureté de ses impressions, plus précieuse
encore à mes yeux, que celle de ses sens.
Lorsqu'à la fin d'une nuit de fête, les c'ar-
tés naissantes de l'aurore, obscurcissant la
lumière rougeâtre des bougies, éclairaient
d'un jour blafard les robes fripées, les coif-
fures en lambeaux, les cheveux dénoués,
les poitrines haletantes, les visages pâlis et
sur lesquels la sueur avait effacé le velouté
de la jeunesse ou de la poudre de riz, il me
semblait voir percer sous les oripeaux men-
teurs de la civilisation les instincts de la
bête mal domptée qui gît au fond de tout être
humain; la plus virginale jeune fille, celle
qui répandait la veille autour d'elle le plus
pur parfum de poésie me paraissait alors
souillée, flétrie, et je m'enfuyais écœuré demander aux folles brises de la Méditerranée toujours belle, toujours calme, toujours
grande, de rafraîchir mon front brûlant.

Hélas!... je ne savais pas encore ce que
c'était que danser avec la femme qu'on
aime, sans oser lui laisser voir l'émotion
profonde dont on est enivré; j'ignorais ce
supplice de Tantale, plus amer et plus doux
à la fois que tout ce que mon imagination

avait jamais rêvé. Mme di Lecco valsait avec
toute la fougue que les natures méridionales ajoutent à la grâce langoureuse de
cette danse. Mes deux bras passés autour de
sa taille l'attiraient à moi avec d'autant plus
de force que ses mains, appuyées sur mes
épaules, me repoussaient doucement ; res-
pirant son haleine, mes yeux plongés dans
les siens, le visage caressé, à chaque mouvement un peu brusque, par les tresses par-
fumées de ses cheveux, je me laissais aller
à l'impulsion qu'elle m'imprimait, oubliant
tout ce qui n'était pas l'heure présente, sub-
jugué par l'ivresse capiteuse d'une passion
insensée.

Il paraît que je chancelais, car son visage
prit tout à coup une expression inquiète, et,
m'adressant la parole en français :

— Vous souffrez, me dit-elle affectueusement ? ..

— Non, répondis-je à voix basse..., je
vous aime...

Elle s'arrêta brusquement.

— Je vous demande pardon, dit-elle assez
haut ; je suis lasse et sens le besoin de me
reposer un peu ; priez Mlle Elka, qui me remplacera.

Et se dégageant de mes bras, elle sortit du
salon et s'en alla s'accouder sur la balustrade
de marbre de la terrasse où sa robe blanche
s'estompait vaguement dans la nuit sombre.

Je restai immobile, atterré de mon audace,
désespéré d'un aveu qui devait lui paraître
une insulte, maudissant cette minute d'égarement qui allait sans doute me faire per-

dre le bonheur de la voir, de lui parler, de
vivre près d'elle de longs jours encore.

Je fis quelques pas pour la suivre, puis
me retournai indécis, ne sachant que devenir, chancelant comme un homme ivre.
M. Sommerhorn s'arrêta et vint à moi avec
un sourire railleur :

— Mais qu'avez vous, *cher monsieur*, dit-
il en appuyant sur l'épithète ?... Allons, ce
n'est rien ; la valse vous aura fait tourner la
tête ; l'habitude s'en perd plus facilement
que celle de transposer à livre ouvert, et
vous voyez que vous auriez mieux fait de
rester au piano comme je vous le disais.
C'est là votre place..., votre triomphe, veux-
je dire.

Je bondis sous ce coup de fouet.

— Pardon, répondis-je, je craignais que
Mme di Lecco ne fût indisposée, mais j'espère que ce ne sera rien, et si Mlle Elka
trouve ma tête assez solide pour se confier à
mon bras...

Elle se leva d'assez mauvaise grâce, et
nous recommençâmes à valser.

Je ne revis pas Mme di Lecco de la soirée ;
n'osant plus lever les yeux vers elle, à plus
forte raison l'aborder, j'errais comme une
âme en peine autour du petit lac, écoutant
les coups sourds de la houle du large, qui
battait les falaises sans en rider la surface,
et me demandant si le bonheur, ou du moins
l'oubli, ne se trouverait pas au fond de ses
eaux tranquilles, dans le sombre miroir
desquelles scintillaient les étoiles multicolores qui passaient au plus haut des cieux.
Je ne me rappelle guère avoir vécu d'heure

plus découragée, plus désespérée que celle-là.. Mon existence, tourmentée jadis, était devenue si calme, si douce depuis un mois.., et tout cela, je venais sans doute de le perdre par une inconcevable folie... Oh! le combat pour la vie!... loi féroce, exposée par Darwin, et qui condamne tout être vivant à n'exister que par la destruction de ses semblables, je n'ai ni force ni courage pour y prendre part, pour en sortir vainqueur...

1er octobre.

J'ai été réveillé ce matin par la voix joyeuse du comte Beopo, qui chantait, sur l'air de l'aubade du *Barbier*, la ballade d'Alfred de Musset :

Assez dormir, ma belle !
Ta cavale isabelle,
Piaffe sous le balcon...

— Allons, vilain paresseux, s'écria-t-il en voyant ma fenêtre s'ouvrir, vous oubliez que nous devons déjeuner aujourd'hui à huit cents mètres au-dessus de nos têtes... Mais ce n'est pas à vous que j'en veux ; si rien n'éveille nos jolies dormeuses, nous risquons fort de ne pas atteindre le sommet de l'Epoméo avant midi, ce qui serait désagréable, et nous devrions être en route depuis longtemps.

Une troupe d'ânes ischiotes, de ces ânes nerveux et fiers qui escaladent sans broncher les ravins volcaniques de l'île, attendaient, sellés et bridés, sur la terrasse, aux mains d'un palefrenier qu'on aurait pris en France pour un mendiant, tant il était hâve et déguenillé. Je m'habillai à la hâte et descendis rejoindre le comte, qui s'amusait à converser avec un ara. Mme di Lecco arriva bientôt, elle aussi, vêtue de percale blanche et rose, les épaules recouvertes d'un léger voile de dentelles et le visage abrié sous un de ces immenses chapeaux de paille d'Italie qui ressemblent plutôt à une ombrelle qu'à tout autre chose. Mon cœur battait à se rompre à son approche ; quel accueil allait-elle me faire après la sotte imprudence à laquelle je m'étais laissé entraîner la veille ?...

Elle s'avança vers nous et me tendit la main, gracieuse comme de coutume, aussi bonne, aussi souriante, aussi aimable que si elle n'avait rien à me reprocher. N'avait-elle donc pas entendu l'aveu insensé qui m'était échappé, ou bien avait-elle deviné ce qui se passait en moi ? Avait-elle compris ce qu'il y avait eu d'involontaire dans l'expression ardente d'une passion que je m'imposerais à l'avenir la loi absolue de refouler au plus profond de mon cœur et me faisait-elle la grâce d'oublier ?...

Elle nous emmena cueillir, en attendant l'arrivée de ses compagnes, qui tardaient un peu, de gros bouquets de gardénias fleuries ; elle en mit à son corsage, à sa ceinture, dans ses cheveux :

— Je veux, disait elle en riant, que si je m'égare, vous puissiez suivre ma trace aux parfums que je répandrai sur mes pas; puis ces fleurs seront une prime que je donnerai, ce soir, à celui d'entre vous qui aura su le mieux égayer la journée...

Tantôt elle prenait mon bras, tantôt elle se suspendait à celui de son cousin, courant çà et là sur les pelouses, plus vive, plus légère, plus séduisante que jamais.

— N'est-ce pas qu'elle est belle et gentille, ma *signora*, me dit don Egidio, qui venait de terminer ses matines et la regardait folâtrer par dessus ses grosses lunettes; c'est mon élève, c'est presque ma fille, et je suis fier de mon ouvrage!... Aussi sérieuse qu'aimable, aussi instruite que belle... Ah! il aura du bonheur, celui qui posera pour la seconde fois sur ses cheveux blonds la couronne d'oranger!...

— Oui, lui dis-je lentement, ce sera un grand bonheur.... pourvu que celui à qui il est destiné en soit digne et qu'elle ne tombe pas aux mains d'un Sommerhorn...

Le vieux prêtre tressaillit de surprise, puis levant les deux bras au ciel.

— Ce rustre d'Allemagne, s'écria-t-il; allons donc! Vous n'y songez pas!... Ce n'est point pour être arrachée par les mains brutales d'un étranger que la plus belle de nos fleurs se sera épanouie au soleil des Deux-Siciles!

— C'est pourtant là, depuis quinze siècles bientôt, le sort de tout ce que produit cette terre féconde...

— Au fait, continua t-il en poursuivant son idée, que diable vient-il faire ici, ce gibelin que le ciel confonde? — et je n'ose traduire l'énerg que expression napolitaine qu'employait le digne homme. — Il est toujours fourré chez nous et... bonté divine! mais je crois que vous avez raison! Il lui fait la cour, bien sûr! Oh! vieil imbécile, qui ne me suis aperçu de rien!... Ah! mais non, cela ne peut pas continuer ainsi, et je vais en parler aujourd'hui même à M. Rettagliosi pour qu'on éconduise ce joli monsieur avec tous les égards qui lui sont dus.

Je n'avais garde de refroidir un si beau zèle.

— Pour Dieu, lui dis-je seulement, ne prononcez pas mon nom dans tout ceci; que surtout Mme di Lecco ne sache jamais que j'ai eu l'audace...

— Et pourquoi donc? N'êtes-vous pas de la maison et n'est ce pas votre droit et votre devoir de veiller à tout ce qui touche aux intérêts de la famille?

— Vous avez raison, certainement, et si nos mœurs prétendues libérales et égalitaires ont rendu en France tout inférieur l'ennemi-né de son supérieur, cette union intime du client et du patron, du serviteur et du maître, n'en est pas moins un souvenir précieux des habitudes patriarcales d'autrefois; je serais coupable de ne pas m'y conformer en tous points; mais si je vous demande de ne pas me mêler à ce que vous direz à M. Rettagliosi, c'est que je crains une interprétation fâcheuse de mes soupçons; M. Sommerhorn m'a quelque

peu traité de haut, hier soir, et l'on s'ima-
ginerait peut-être qu'une jalousie de savant...

— Soyez tranquille, soyez tranquille ! je
respecte vos appréhensions... si je ne les
partage pas, moi qui suis toujours en disputes avec M. Sommerhorn et vais pouvoir
dire cette fois de lui... tout le bien que j'en
pense, sans manquer à la charité chrétienne,
puisqu'il s'agit de mettre un intrigant hors
d'état de nuire.

Je trouvais bien, à part moi, singulière-
ment hardie cette qualification d'intrigant
appliquée à un banquier colossalement riche,
selon toutes les apparences, et qui pouvait
très-naturellement rechercher la main d'une
grande dame italienne, fût-elle marquise ;
mais j'étais trop heureux de trouver un allié
inconscient de ma folle passion pour ébau-
cher une seule objection, et je suivis plein
d'espoir la joyeuse cavalcade de jeunes filles
qui se mettait en marche sous la conduite du
comte Beppo.

Je n'ai rien vu de pittoresque, sans être
d'un grandiose écrasant, comme cette partie
reculée de l'île que nous devions traverser
en sortant de Val d'Aranci. La poussée intérieure qui a fait jaillir du fond de la Méditerranée l'énorme cratère de l'Epoméo,
s'est ouvert sur ses flancs une foule de vo-
mitoires secondaires, petits volcans en mi-
niature que recouvre, aujourd'hui, une
luxuriante végétation. On chemine sur le
bord d'étroits précipices circulaires à parois
abruptes, toutes garnies d'arbustes, d'oliviers bleuâtres, de pins rabougris, de bruyè-

res arborescentes, de plantes grimpantes
qui retombent en vertes chevelures des escarpements basaltiques. Parfois, deux ou
trois de ces cratères se sont effondrés laté-
ralement et mis en communication les uns
avec les autres, de manière à former une
sorte de long boyau tortueux qui présente à
chaque pas les aspects les plus inattendus
et les plus variés ; d'autres fois un petit cône
régulièrement pyramidal s'est soulevé ; les
paysans ont disposé en petites terrasses la
cendre fertile qui le recouvre et y ont planté
de longues rangées circulaires d'oliviers
qui forment des pyramides de verdure charmantes ; puis, toujours là-haut, dans le
ciel, de quelque côté que l'on porte ses pas,
se dresse la cime sourcilleuse de l'Epoméo,
tandis qu'à l'horizon, dans l'échancrure de
deux montagnes, par dessous une guirlande
de vignes ou sur la croupe rugueuse d'une
coulée de laves grises, le regard se repose
sur la nappe d'azur de la Méditerranée.

Quand nous eûmes atteint le sentier un
peu plus large qui relie entre eux les principaux villages de l'île, — on appelle cela,
ici, la route royale!.. — Mme di Lecco se
rapprocha de moi et, réglant le pas de sa
monture sur celui de la mienne, se mit à
me parler affectueusement de mes travaux
de Cumes, de mes fouilles, de mes découvertes, dont elle exagérait outre mesure l'importance, de mes théories sur les premiers
fondateurs de cette ville antique, dont elle
discutait avec une véritable ardeur les arguments; plus que moi-même elle semblait se
passionner pour ces études et y mettre un

amour-propre d'auteur que je n'ai jamais
connu.

— Combien j'ai été fière et heureuse, me
disait-elle, de pouvoir confondre l'autre
jour, quand vous nous avez envoyé les premiers résultats de vos fouilles, les dédai-
gneux sarcasmes de M. Sommerhorn, qui
prétendait toujours qu'on ne trouverait rien
à Cumes, que nul pied humain n'avait foulé
ces territoires avant l'arrivée des premiers
colons eubéens !... Vous voilà près du but,
maintenant et dès aujourd'hui assuré du
succès ; encore quelques efforts et vous aurez fondé sur des bases indélébiles la nouvelle école d'archéologie italiote... Oh ! la
belle chose que la science, poursuivait-elle
avec animation, la science qui met votre nom
sur toutes les bouches, le transmet de génération en génération et vous égale aux prin-
ces et aux rois de la terre ! N'est-il pas vrai,
Elka ?

Celle-ci, qui chevauchait depuis quelques
instants un peu en avant de nous en poussant à chaque pas, sous prétexte d'admirer
le paysage, des *och* et des *ach* gutturaux,
s'arrêta brusquement et parut hésiter un
moment, puis, regardant bien en face Mme di
Lecco :

— Certainement, répondit-elle en allemand ; aussi ne comprends-je pas bien la rigueur avec laquelle vous traitez depuis quelques jours M. Sommerhorn, un des plus illustres représentants de cette science que
vous prisez si haut ; pauvre jeune homme !
On dirait vraiment que vous lui en voulez ;
vous ne lui avez pas dit hier une seule parole

affectueuse..., au contraire. Il en paraissait
tout marri, et vous savez bien quelles bonnes raisons il a d'interroger anxieusement
vos manières à son égard...

Une moue charmante se dessina sur les
lèvres de la jeune marquise.

— Après tout, dit-elle avec un geste co-
quet, qu'il en pense ce qu'il voudra ! Il est
aussi trop exigeant ; d'ailleurs, je n'étais
pas contente de lui, hier soir ; il avait fait
de la peine à... à mon vieux chapelain, et
cela n'est pas bien.

— Oh! madame, ce sont petites disputes
de savants auxquelles il ne faut pas faire
attention ; ces messieurs se parlent toujours
ainsi, n'est ce pas *mein herr Raul ?*

Depuis que Mlle E ka s'était mise à parler
allemand, j'avais détourné la tête, m'imagi-
nant qu'elle ne voulait pas que je prisse part
à sa conversation, et je m'occupais à contempler les îles Ponza, qui surgissaient peu à
peu de la Méditerranée et commençaient à
échancrer la ligne nette et unie de l'horizon.
A cette interpellation directe, une inspiration
subite, plus rapide que toute réflexion, me
porta à ne pas répondre ; depuis la veille,
l'allemand m'était devenu odieux et il me
répugnait de me servir de cette langue.
Avant que j'eusse seulement songé à la bi-
zarrerie de cette conduite, Mme di Lecco avait
repris la parole :

— *Er verstehe villeicht nicht die deutsche
Sprache...* (il ne comprend peut-être pas l'allemand) disait-elle ; puis se tournant vers
moi : *Sprechen Sie Deutsch, mein herr Raul ?*

(Parlez-vous allemand, monsieur Raoul?) poursuivit-elle.

Je n'avais pas sourcillé ; peut-être n'était-il pas trop tard encore pour revenir sur mon ignorance factice ; je ne sais quel sentiment de dépit me retint ; je continuai à contempler les îles Ponza comme si je n'avais rien entendu.

— Vous ne parlez pas allemand ? continua Mme di Lecco, en français cette fois.

— Non, madame, lui dis-je en tressaillant, comme tout surpris de cette interrogation, — et, de fait, si je comprends cette langue, il me serait difficile de la parler couramment.

— Ah! enfin ! poursuivit-elle en riant aux éclats, je découvre donc une chose que vous ignoriez ! C'est qu'aussi, voyez-vous, cela devenait désagréable de vivre avec un chevalier bardé de science, impénétrable, invulnérable... On se sent trop petite fille, devant lui. Cette fois, au moins, j'ai trouvé le défaut de la cuirasse, et je m'en vais prendre ma revanche...

— En m'apprenant l'allemand !... Quel bonheur ! Byron dit quelque part qu'il n'y a pas d'étude plus charmante que celle d'une langue étrangère, quand on a pour professeur une jeune et jolie femme.

— Fi ! monsieur, dit-elle en me menaçant du doigt ; pas de ces réminiscences-là ; c'est très-vilain ; on a lu son *Don Juan*, et... puis tout à coup baissant la tête et toute rouge, toute confuse : Oh! non, vrai, ajouta-t-elle, c'est trop fort ; un pareil rap-

prochement... c'est presque une imper-
tinence...

— Excusez-moi, répondis-je humblement,
ces paroles me sont echappees sans réfléchir, sans un souvenir bien net du passage
du poème auquel je faisais allusion... Vous
ne pensez certainement pas que j'aurais
osé... que je me serais permis...

Et me voilà tout interdit, baissant les
yeux moi aussi et sentant que j'ajoutais
sottise sur sottise. Cependant elle me regardait malicieusement en dessous, pour voir
qui de nous deux reprendrait le premier
son aplomb. Puis, n'y tenant plus et écla-
tant de rire avec un geste mutin :

— Bah ! s'écria-t-elle, je consentirais encore à jouer les Haydée auprès de vous si
vous étiez Byron et si de beaux vers venaient apprendre à l'Europe que la Poésie
s'éveille enfin de son long sommeil !...

Cependant nous avions contourné, en
nous élevant sur ses flancs, le piton volcanique qui forme le centre de l'île. Peu
à peu nous étions sortis de la région
tourmentée que recouvrent les cultures, les
champs de vignes exubérantes, les taillis
de lentisques et de bruyères arborescentes,
les bois de châtaigners. L'horizon circulaire
du golfe de Naples et la mer, ouverte à l'infini, au sud et à l'ouest, se déroulaient sous
nos pieds. Devant nous s'élevait encore, à
quelque cinquante ou soixante mètres, une
croupe montueuse et nue, couverte d'un
gazon maigre et court, comme celui qui,
dans les Alpes, annonce le voisinage des
neiges éternelles. Etait-ce la dernière crête

de l'Epoméo qui, vue du nord, ne présentait
qu'un amas de rochers, déchiquetés et inac-
cessibles, tandis qu'elle s'abaissait en pente
douce au midi, comme pour inviter à la
gravir ?

Tout au sommet, une petite chapelle basse,
creusée dans l'espèce d'argile durcie qui
forme le relief de la montagne, ouvrait au
soleil sa porte béante, plus semblable à l'entrée d'une tanière que d'un pieux oratoire.
A côté, un large couloir s'enfonçait ho-
rizontalement sous terre pour desservir les
cellules de l'ermitage, dernier souvenir du
vieux temple qui consacrait jadis ce mont
terrible à Pluton séismien. Nous nous y pré-
cipitâmes en courant à la suite les uns des
autres pour grimper par un petit casse-cou
taillé dans l'argile, sur le belvédère octo-
gone qui occupe, au-dessus de la chapelle,
l'extrême sommet de la montagne. Les do-
mestiques de Mme di Lecco, aidés des ermites, — espèce de frères à la longue barbe
inculte et recouverts d'une sordide soutane
de bure, — que cette bonne aubaine rendait
tout joyeux, s'occupaient déjà d'y dresser
une tente pour y préparer le déjeuner.

Nulle parole humaine ne saurait donner
une idée des splendeurs du panorama que
l'on découvre de cette petite terrasse. Perdue
au sein des cieux, à quelque trois cents mètres au-dessus du jardin des Camaldules,
d'où j'avais pour la première fois contemplé
les immenses contours du golfe de Naples,
on ne saurait la comparer qu'à la nacelle
d'un ballon planant dans la transparence de
l'atmosphère. Depuis le cap de Circé jusqu'à

l'extrémité du golfe de Salerne, depuis les
grasses et fertiles campagnes de la Terre-
de-Labour jusqu'aux îles Ponza et aux montagnes des Calabres, le regard s'étend sur
la contrée la plus favorisée du globe, la plus
harmonieusement belle, la plus glorieuse,
la plus féconde en grands souvenirs.

Ce qui constitue aujourd'hui l'Epoméo
n'est plus qu'un fragment de la paroi méridionale de son vaste cratère. Tout le reste
s'est écroulé dans la mer pour former les
promontoirs rugueux de Casamicciola et du
borgo d'Ischia. Au nord, donc, au-dessus de
ces débris, la pente est verticale, et l'argile
jaunâtre qui recouvre la montagne, incessamment lavée par les pluies d'hiver et les
vapeurs marines qui viennent s'y condenser,
a pris un poli luisant, comme un de ces
grands *châbles* qu'on dispose dans les Alpes pour l'exploitation des forêts inacces-
sibles. Au sud, la pente est relativement
douce, puisque c'est la berge extérieure de
l'ancien cratère. Ce fragment de paroi sub-
siste encore sur une centaine de mètres
d'étendue, de l'ouest à l'est; son sommet,
sans cesse rongé par les agents atmosphé-
riques, s'est déchiqueté comme une scie
gigantesque sur les dents friables de laquelle
on aurait sculpté de petits balcons, d'étroites
galeries et jusqu'à des siéges rustiques. Son
extrémité occidentale, un peu élargie, se termine par l'ermitage et le petit belvédère où
nous nous trouvions; à l'autre bout se dresse
une aiguille jaunâtre sur laquelle on a taillé
comme un large fauteuil; l'idée me vint que
cet observatoire presque inaccessible devait

être beaucoup mieux situé pour contempler
l'immense courbure du golfe, la pyramide
du Vésuve et l'île de Capri, qui se dessinait
en violet vaporeux sur l'azur sombre des
flots ; je m'y glissai presque en rampant le
long des dents de l'espèce de scie dont j'ai
parlé, m'accrochant aux lentisques, aux
bruyères, aux broussailles qui y enfoncent
çà et là leurs robustes racines.

La situation était plus merveilleuse encore que je ne l'avais espéré. A l'i fini de
cet horizon où tout resplendit d'azur satiné
et où la nature semble avoir réuni ses lignes
les plus belles et les plus harmonieuses venait s'ajouter l'émotion instinctive qu'on
éprouve a se sentir suspendu au dessus d'un
abîme. Le dossier d'argile du siége sur lequel je m'asseyais était, en effet, la seule
barrière qui me séparât des vertigineux
précipices au fond desquels des blocs de laves, de scories et de rocs éboulés s'entas-
saient dans un lointain obscur. La pente est
tellement raide et tellement polie, que les
petits morceaux de roche que je m'amusais
à y jeter glissaient jusqu'au fond presque
sans rebondir le long des aspérités de la
paroi. C'était l'image du chaos le plus infernal que j'eusse jamais vu, tandis que le
contraste du calme et de l'harmonieuse
beauté des paysages qui bleuissaient au
loin, peut être aussi l'attraction pleine d'effroi qu'exercent toujours sur l'organisme
les grandes profondeurs, plongeaient mon
âme dans une sorte de torpeur et de demi-
sommeil. Les bouffées de la brise légère
m'apportaient par intervalle les causeries

et les rires de mes compagnons sans m'arracher à l'extase panthéistique dans laquelle j'étais absorbé, lorsque le froissement d'une robe de percale contre les tiges souples des bruyères arborescentes vint me faire tressaillir. A deux pas de moi, Mme di Lecco gravissait lentement la pente escarpée; je lui tendis ma main, qu'elle saisit, et la hissai à la place que j'occupais au sommet de l'aiguille, tandis que je m'asseyais moi-même sur une saillie de la roche, à ses pieds.

Nous restâmes un instant silencieux, elle laissant errer ses regards sur les immenses plaines d'azur qui s'étendaient au loin devant nous, immobile, attentive, comme écoutant de vagues concerts dont les accords ne parvenaient pas jusqu'à moi. L'un près de l'autre, sur cette étroite roche, je dévorais des yeux l'ovale si pur de son visage animé par le grand air et la montée, ses petites mains blanches et effilées qu'elle tenait croisées, à deux doigts de mes lèvres, sur son genou et sous la peau transparente desquelles je voyais s'enfler doucement un réseau de veines d'azur pâle. Le soleil dorait ses cheveux blonds de ses rayons les plus ardents et le bouquet de gardénias qu'elle avait piqué à son corsage embaumait l'air autour d'elle d'un parfum capiteux.

Bientôt elle secoua la tête, comme pour chasser une idée importune, puis, fixant sur moi avec une expression indéfinissable ses grands yeux sombres :

— Vous nous aviez fuis, me demanda-t-elle doucement?...

— Vous fuir!... Pouvez-vous le penser! J'étais venu songer à vos dernières paroles et je poussais l'audace jusqu'à me demander sérieusement s'il n'y aurait pas en moi l'étoffe d'un poète... puisque c'est un moyen pour être aimé de vous.

Elle laissa tomber sa tête sur sa poitrine.

— Ce n'est peut-être pas le seul, répondit-elle d'une voix si faible qu'à peine devinai-je ses paroles.

— Guendalina!... madame!... par pitié, m'écriai-je, ne me torturez pas ainsi le cœur en y laissant prendre racine des espérances que je ne pourrais plus en arracher qu'avec la vie... Grondez-moi, chassez-moi, écrasez moi de votre mépris, mais ne me parlez pas ainsi ! Vous voyez bien que je vous aime... que je vous aime d'une passion insensée et que je n'ai pas assez de toutes mes forces et de tout mon courage pour lutter contre elle... Et pourtant, c'est ma vie, que cet amour... Laissez-moi l'enfermer au plus profond de mon cœur, si loin et si bien que nul jamais ne se doute que j'ai osé lever les yeux jusqu'à vous... ou plutôt, non ; vous voir bientôt peut-être entre les bras d'un autre, savoir que je ne serai rien, jamais rien pour vous, c'est trop souffrir... Je ne puis pas songer à ces choses... Tenez, cela vaudra mieux ainsi ; foudroyez-moi de votre colère, dites-moi que je suis fou, que vous allez me faire chasser honteusement, et j'espère qu'alors la coupe de fiel et de larmes qui fut ma part dans ce monde débordera, et que le désespoir me donnera le courage de traverser cette dentelle de rochers qui nous sépare de l'éternité... Voyez comme ce vide attire... On serait si vite plongé dans l'éternel oubli... Un accident ordinaire, un accès de vertige et ce serait fini... Peut-être donneriez vous parfois un souvenir, en vos jours de tristesse, au malheureux qui vous a tant aimée et qui vous doit les seuls instants de bonheur qu'il ait jamais connus...

Je m'arrêtai épuisé de la véhémence avec laquelle j'avais parlé, épouvanté de ce que je venais de dire, torturé de mille tourments. D'un rapide coup d'œil, elle embrassa les alentours; nous étions absolument seuls sous l'azur foncé des cieux. D'un mouvement plus prompt que la pensée, elle se pencha sur moi et, saisissant ma tête dans ses deux mains, appuya ses lèvres frémissantes sur les miennes. Tout mon sang reflua vers mon cœur et je crus que j'allais mourir. Mes deux bras s'enlacèrent autour de sa taille palpitante et l'étreignirent follement.

Je ne sais combien de temps nous restâmes ainsi; je n'avais plus conscience ni de la durée, ni de l'espace, ni de rien au monde; mon être entier n'était plus qu'amour et j'aurais voulu que l'Epomeo, se réveillant de son long sommeil, se déchirât en lambeaux et nous engloutît tous les deux dans ses entrailles de feu. Quand elle se dégagea de mon étreinte, mes lèvres arrachées des siennes ne purent que murmurer d'une voix éteinte :

— Encore ! encore !... je t'aime...

Elle se pencha au-dessus du parapet d'argile et me montrant du doigt les profondeurs du vieux cratère :

— Ici le rêve, dit-elle comme découragée;
là-bas la réalité!...

Un peu sur la droite, dans l'intérieur d'un
châble ou lit de torrent desséché dans lequel
on fait glisser jusqu'aux lieux habités les
fagots de châtaigners taillis qui recouvrent
les pentes de l'Epoméo, montaient lentement deux personnes rapetissées par la
distance. D'un coup d'œil, je reconnus
M. Rettagliosi et M. Sommerhorn.

— Encore lui!... toujours lui!... m'é-
criai-je.

Elle baissa la tête, rougissante, abandon-
nant ses deux mains à mes lèvres qui les
couvraient d'ardents baisers.

— Allons! dit-elle tristement, il faut partir; on finirait par remarquer notre tête-à-
tête...

— En grâce, encore un instant!... Guendalina, un seul instant! Encore un baiser...
un seul baiser... ma chérie adorée, *mia
gioia, mia vita!*...

— Non assez... assez, répondait-elle en se
défendant mollement.

— Eh bien! un souvenir de cette heure
bénie, un gage qui m'assure plus tard que
je n'ai pas été le jouet d'un rêve, d'un rêve
d'enivrant bonheur... Donnez-moi ces fleurs
qui ont vécu sur votre sein, que vous avez
respirées, qui me parleront de vous dans
mes jours solitaires au fond de ma chaumière de Cumes...

Elle retira de son corsage échancré le bouquet de gardénias et le pressa sur ses lèvres; puis, se ravisant :

— Non pas, dit-elle ; soyons sages ; on m'a vu ces fleurs et on pourrait s'étonner de les trouver entre vos mains ; mais vous aurez mieux que cela.

Et enlevant de son sein une large médaille d'or à l'effigie du héros de l'indépendance nationale, Garibaldi, qu'elle portait en bonne Italienne, elle me la passa autour du cou et la glissa elle-même sous mes vêtements en me disant de sa voix grave et profonde :

— « *Gloria ed onor !* » *Ecco la mia bandiera ; sia sempra la tua!* (Gloire et honneur ! Voilà ma devise ; que ce soit la tienne à jamais!)

Elle appuya de nouveau ses lèvres enflammées sur les miennes, puis s'élança en bondissant sur la croupe rugueuse de la montagne et ne tarda pas à rejoindre nos compagnons assis à l'abri du soleil sous les galeries de l'ermitage.

Je restai longtemps immobile, agenouillé devant la corniche de pierre qu'elle venait de quitter, regardant sans les voir les immensités d'azur de l'horizon, n'ayant plus souci du soleil qui torréfiait le sol pierreux, oubliant tout au monde, tout, hormis son amour et la brûlante empreinte de ses lèvres, que je sentais encore frémir sur les miennes. Le cœur débordant d'une indicible ivresse, je n'aurais pu sans me trahir, soutenir un regard humain.

— Elle m'aime donc enfin, me disais-je sans pouvoir croire à mes propres paroles ; elle m'aime... elle m'aime... elle m'aime !...

O mon Dieu ! que la nature est belle et quelle bonne chose que de vivre !...

La voix joyeuse du comte Beppo qui me hélait de loin, vint me rappeler en sursaut au sentiment de la réalité.

— Eh bien ! paresseux rêveur, criait-il, avez-vous assez contemplé l'horizon de l'E-poméo ou bien voulez-vous vivre de bleu et de vagues lointains ?... Je vous avertis que le déjeuner est servi et qu'on n'attend plus que vous.

Je m'efforçai de me composer un visage indifférent et descendis rejoindre mes compagnons qui gravissaient à la file l'étroit et raide escalier taillé dans l'argile pour condure à la petite terrasse où la table était dressée.

Assise dans un angle du parapet, Mlle Elka causait en allemand avec M. Sommerhorn.

— Prenez garde, dit ce dernier en interrompant brusquement une phrase commencée et en me désignant de l'œil ; on vient.

— Cela ne fait rien, répondit elle ; il n'entend pas un mot d'allemand.

— Tu en es sûre ? poursuivit M. Sommerhorn, je ne m'y fierais pas.

— Absolument sûre ; je l'ai mis à l'épreuve tout à l'heure, et nous pouvons parler sans aucun danger devant lui.

La familiarité de ce langage me plongea dans une véritable stupéfaction. Involontairement, je prêtai l'oreille.

— As-tu fait mes reproches à *la signora*, continua M. Sommerhorn ?

— Oui, sans doute, tout à l'heure, en montant ; mais elle les a froidement reçus. Veille au grain, si tu m'en crois ; tu te négliges juste au moment où il faudrait redoubler d'ardeur. L'arrivée de ce maudit welche l'a toute changée, et je commence à craindre...

— Quoi donc ? interrogea-t-il en jetant sur moi un regard brutal.

— Enfin, fais attention d'être plus aimable que jamais ; cela t'est si facile quand tu veux, gros monstre !...

— C'est bon ! c'est bon ; on s'observera !

Mme di Lecco m'indiquait gracieusement du doigt un siége à sa gauche. Assis près d'elle, sa présence adorée, le charme enivrant de ce repas en plein air, au sommet d'une pyramide élancée, perdue dans l'air bleu tout embaumé des senteurs méridionales, me fit bien vite oublier l'étrange conversation que je venais de surprendre. Mme di Lecco me souriait de temps à autre, en recevant les petites attentions qu'il est d'usage de prodiguer à ses voisines de table, et un regard, une petite moue, une nuance rosée qui s'étendait sur ses joues venaient délicieusement souligner à chaque instant le secret qui nous unissait l'un à l'autre. Mon cœur débordait d'une ardente ivresse, et la nature entière, le soleil étincelant sur ses courtines d'azur, au plus haut des cieux, les glauques immensités de la Méditerranée, les lignes harmonieuses des Apennins, qui tremblotaient à l'horizon, dans l'atmosphère embrasée, tout me semblait animé d'une âme vivante, sympathique à mon bonheur et communiant avec ma joie dans une effusion panthéistique. Mon Dieu ! qu'il est bon d'être jeune et d'être aimé !

J'ai dit que la petite plate-forme où l'on nous avait servis formait le point culminant et comme le toit des cellules des ermites, creusées dans la roche volcanique. Quand on se leva de table, M. Rettagliosi, m'arrachant brusquement aux sphères idéales dans lesquelles je vivais depuis une heure, m'entraîna examiner des inscriptions fort anciennes sculptées dans la paroi des galeries souterraines ; les plus curieuses se trouvaient dans une petite niche extérieure où les vieux solitaires allaient prier jadis. L'accès en était difficile et il fallait se glisser, en s'accrochant à des crampons de fer, au-dessus d'effrayants précipices, le long d'une étroite saillie de rochers qui contournait la base de la petite plate-forme sur laquelle causaient encore nos compagnons ; M. Rettagliosi me précédait et s'était accroupi dans l'étroite niche, ouverte sur un abîme béant, pour déchiffrer les traces effacées du couteau des vieux moines ; debout, derrière lui, je le regardais travailler avec assez d'impatience, lorsque des éclats de voix plus distincts vinrent me faire lever la tête. Directement au-dessus de moi, appuyée sur le parapet de la plate-forme, Mme di Lecco causait avec M. Sommerhorn ; celui-ci insistait vivement pour obtenir quelque chose qu'on lui refusait avec obstination.

— Vous êtes cruelle, disait-il, de me faire souffrir ainsi ; en grâce, donnez-les moi ! Je vous les demande à mains jointes !

— Non, non ! répondait-elle ; ce n'est pas convenable, et puis... je veux les garder...

— Mais que vous importent quelques pauvres fleurs ?... Elles me rendraient si heureux !... Ce serait un souvenir de cette journée charmante... elles me parleraient de vous pendant les longues heures de solitude où vous ne songez plus à moi...

Mme di Lecco refusait encore ; il insistait avec une persistance de plus en plus pressante ; tout à coup je la vis arracher de son corsage le bouquet de gardénias... Je crus qu'elle cédait, qu'elle allait lui donner ces fleurs qu'elle m'avait refusées, et mes yeux se remplirent de larmes ; tout s'obscurcit autour de moi et je me sentis chanceler. Instinctivement, je me cramponnai à une tige de fer scellée dans le rocher... Au même instant, Mme di Lecco lançait son bouquet dans le vide en s'écriant :

— Eh bien ! personne ne l'aura, ni vous ni aucun autre !

Ce fut un éclair. Me retenant au crampon de fer que je sentais fléchir sous mon poids, je m'étendis au-dessus de l'abîme et saisis le bouquet de la main qui me restait libre au moment où il tombait devant moi ; puis, me redressant d'un effort instantané :

— Pardon, m'écriai-je d'une voix vibrante, vous comptiez sans le hasard !... Et j'enfouis mon visage dans les fleurs embaumées.

M. Rettagliosi s'était redressé et, levant les bras au ciel :

— Malheureux enfant ! disait-il, jouer votre vie pour un bouquet !..

Mᵐᵉ di Lecco s'était rejetée en arrière. M.
Sommerhorn descendit rapidement l'escalier qui contournait le rocher et, venant au-
devant de nous :

— Vous allez me donner ces fleurs, me
dit-il durement.

— Pardon, répondis-je, le plus gracieusement qu'il me fut possible ; il me semble
que Mᵐᵉ di Lecco vous les avait refusées, et
vous ne vous imaginez pas, je suppose, que
c'est pour contrevenir à sa volonté que je
les ai empêchées de disparaître là-bas... Si
elles reviennent à quelqu'un maintenant,
c'est à moi..., par droit de conquête.

— Monsieur !... s'écria-t-il menaçant, en
levant la main comme pour frapper.

Je m'adossai contre le rocher et croisant
les bras, j'attendis.

Mˡˡᵉ Eïka descendait en courant.

— Conrad ! s'écria-t-elle en le saisissant
par le bras, malheureux ! mais vous vous
perdez !...

— C'est bien, répondit-il en s'inclinant,
subitement redevenu maître de lui-même.
Vous avez gagné la première passe, monsieur ; à moi la revanche !

Et il tourna sur ses talons, accompagné
de Mˡˡᵉ Eïka, qui le grondait à voix basse en
allemand.

Je traversai lentement l'ermitage et sortis
sur la pelouse pentueuse qui forme la première déclivité de la montagne au midi.
Mᵐᵉ di Lecco, qui descendait derrière moi,
se précipita pour me rejoindre, et, saisissant mon bras, pâle, haletante, le visage
bouleversé :

— J'ai tout entendu, me dit-elle d'une voix entrecoupée ; je ne veux pas que vous vous battiez ! Promettez-moi que vous ne vous battrez pas !...

Je la regardai avec stupéfaction :

— Me battre, madame ! Mais je n'y ai jamais songé ; M. Sommerhorn, d'ailleurs, vous dirait sans doute qu'on ne se bat pas avec quelqu'un qu'il a toujours affecté de considérer comme... une espèce de domestique... Puis, chez nous, et plus encore dans les pays du Nord, en Angleterre et même en Allemagne, le duel est laissé à ceux qui n'ont pas d'autre moyen de se faire une réputation dans les petits journaux à scandale ; il est vrai que nous sommes en Italie, la terre classique des *bravi* et des grands coups d'épée ; mais nous ne pouvons y oublier nos mœurs et nos préjugés d'enfance. Ainsi que moi, M. Sommerhorn doit être habitué à considérer comme des sauteurs ou des fous ceux qui prétendent venger eux-mêmes, au mépris des lois de leur pays, leurs injures par la force brutale et ont alors l'absurde bêtise d'égaliser les chances entre eux et l'homme qui les a offensés !

Involontairement, je m'échauffais en parlant ; le visage de ma compagne se contractait peu à peu comme sous une impression pénible de désappointement ; je continuai plus doucement :

— D'ailleurs, je suis trop heureux aujourd'hui pour en vouloir à personne... Ce matin peut-être, dévoré d'amour, de jalousie, de désespoir, j'aurais été tenté de saisir la première occasion pour me venger d'un rival heureux et pour en finir avec une existence sans soleils et sans joies, mais maintenant !... maintenant !...

Elle baissa la tête, confuse, et nous fîmes quelques pas en silence.

— Quoi qu'il en soit, vous allez me rendre mes fleurs, reprit elle au bout d'un instant.

—. Vraiment, c'est par trop fort, s'écria derrière nous la voix joyeuse du comte Beppo, qui avait entendu cette dernière phrase. Voilà bien les femmes ! Ah ! les coquettes, continua-t-il en menaçant du doigt sa cousine ; risquez donc de vous rompre le cou pour leurs beaux yeux et de vous précipiter au fond d'un abîme de douze cents pieds pour conquérir quelques fleurs qu'elles jettent au vent et qui se sont fanées sur leur sein ! Pour récompense d'un pareil témoignage d'adoration muette et respectueuse, elles viendront vous dire d'une voix rogue : « Rendez-moi mes fleurs ! » Oh ! que non pas, mesdames ! ces fleurs sont à vous, mon cher Ernesti, elles vous appartiennent par droit de premier occupant, aux termes des lois divines et humaines, et j'espère bien que vous ne céderez pas aux cruelles réclamations de cette belle insensible !

— Au fait, reprit Mme di Lecco en me regardant fixement, si M. Ernesti est certain que son altercation avec M. Sommerhorn n'aura pas de suites, il peut garder mes pauvres gardénias, puisqu'il y attache tant de prix ; je n'y vois pour ma part nul inconvénient.

— Et tout sera pour le mieux dans le meilleur des mondes !

Mme di Lecco nous quitta ; l'avais-je donc involontairement blessée et s'attendait-elle à trouver en moi un foudre de guerre ?...

Elle affecta de ne plus m'adresser la parole durant le retour, qui eut lieu lentement, au fond d'étroits ravins, profondément encaissés dans de hautes berges montueuses de tuf volcanique. Tantôt nous découvrions les points de vue les plus pittoresques sur les verdoyantes vallées de l'île, tantôt s'ouvraient entre deux collines rugueuses des échappées pleines de lointains et de lumière azurée sur les horizons du golfe, l'île de Capri et la chaîne dentelée des Apennins. Chevauchant à la file, dans les étroits sentiers, M. Rettagliosi me faisait remarquer à chaque pas les curiosités naturelles du terrain volcanique : sources d'eau chaude, sables brûlants qui faisaient fumer les sabots de nos montures ; coulées de laves, mornes et pitons désolés dressant à l'improviste leurs hautes statures. Tout en l'écoutant d'une oreille distraite, je suivais de l'œil le balancement gracieux qu'imprimait la marche à la taille élégante de Mme di Lecco. Elle nous précédait et causait gaîment avec ses cousines sans se soucier des tourments que j'endurais, et ses éclats de rire, qui m'arrivaient affaiblis par la distance ou les aspérités du sentier retentissaient douloureusement en mon cœur. Avoir vu tout d'un coup le ciel s'entr'ouvrir, puis être brusquement rejeté en arrière au moment où l'on allait en embrasser d'un regard avide la splendeur adorée, quel supplice affreux ! N'est-ce pas payer trop cher le bonheur éphémère que l'on achète un tel prix ?...

Le souper nous attendait sur la terrasse de Val d'Aranci. Il était de bonne heure encore, mais la course avait aiguisé notre appétit et le soleil se couchait à peine lorsque nous sortîmes de table. On se dispersa au hasard dans les bosquets du petit parc. Mme di Lecco me boudait évidemment ; je souffrais au-delà de toute expression ; j'avais besoin d'être seul et je m'en allai sur le rivage de la grande mer, à l'extrémité de la muraille de basalte qui ferme l'entrée du petit havre dont j'ai parlé et que contourne une allée sablée. Assis sur un bloc de laves rugueuses, je regardais la houle du large se briser en écumant à mes pieds et le murmure grandiose, envahissant de la vague marine ramenait peu à peu le calme en mon cœur ; tout à coup, un bruit de pas rapprochés me fit tourner la tête. M. Sommerhorn était derrière moi.

— Je vous cherchais, monsieur, me dit-il, pour avoir une explication nécessaire avec vous. Jouons cartes sur table, si vous le voulez bien ; c'est à mon sens la meilleure route à suivre pour ne pas faire de sottises.

Vous aimez Mme di Lecco et vous aspirez à sa main, car je ne suppose pas que vous comptiez en faire votre maîtresse ?...

Je m'étais levé debout, pâle, mais prêt à tout entendre.

— Vous croyez ?... répondis-je dédaigneusement.

— Je ne crois pas ; j'en suis sûr.

— Alors, à quoi bon cette question ?

— Ce n'est pas une question ; c'est un fait que je prends comme point de départ de ce que j'ai à vous dire. Donc, vous aimez Mme di Lecco ; vous vous abandonnez tout entier à cette passion sans songer à rien de ce qui n'est pas elle, sans rien regarder au-delà de l'heure présente. Or, si vous voulez me permettre de vous parler un instant raison, je vous dirai que vous entrez dans une voie sans issue, que ni votre fortune ni votre position sociale ne vous permettent de prétendre à devenir l'heureux époux de la marquise di Lecco, et je vous le dirai avec d'autant plus de droit qu'elle est ma fiancée et que son oncle et tuteur vient de me donner son consentement à notre union.....

— C'est impossible, m'écriai-je! M. Rettagliosi eût-il consenti pour sa part, cela n'implique pas que Mme di Lecco ait dit oui, et tant qu'elle-même n'aura pas prononcé...

— Je ne puis cependant pas vous faire notifier sa décision de sa propre bouche, interrompit-il en raillant.

— Vous pourriez tout au moins, poursuivis-je avec véhémence, ne pas chercher dans la même maison une maîtresse en même temps qu'une fiancée et puisque c'est la guerre que vous voulez, je ne vois pas ce qui pourrait me retenir d'éclairer M. Rettagliosi sur la nature de vos rapports avec Mlle Elka.

— Monsieur! s'écria-t-il en s'avançant d'un pas.

Il était devenu affreusement pâle; mais s'apaisant par un effort de volonté subit :

— Je n'ai aucun droit, poursuivit-il, pour défendre l'honneur d'une pauvre fille que vous calomniez gratuitement ; pour mon compte personnel, vos accusations ne me touchent en aucune façon ; vous pouvez dénoncer à M. Rettagliosi ce qu'il vous plaira. Il sait à quoi s'en tenir sur le mobile qui vous dirige... et M⁰ᵉ di Lecco également, j'ose le dire. Comme je ne prétends pas, d'ailleurs, vous imposer une foi absolue en ma parole, vous pouvez vous informer auprès de don Egidio qui s'avance à notre rencontre et qui était présent à mon entretien avec M. Rettagliosi. Il est en mesure de vous donner de sages conseils et sa partialité pour moi ne vous sera pas suspecte, je suppose.

Puis, redevenant railleur :

— Tenez, continua-t-il en me montrant du doigt une barque qui manœuvrait pour entrer dans le petit havre, voici, je crois, votre contre-maître de Cumes qui vient réclamer votre présence pour quelque découverte inattendue. Ce que vous avez de mieux à faire, croyez-moi, c'est de repartir demain matin avec lui et d'oublier avec la science, la seule amante que vous permette pour le moment votre position, le rêve trop ambitieux d'un jour.

Et s'inclinant légèrement, il s'éloigna à grands pas.

Je me précipitai au devant de don Egidio qui s'avançait lentement.

— Est-ce vrai, est-ce bien vrai ?... Il l'épouse, Dieu puissant !...

Le vieux chapelain baissa tristement la tête.

— Mais c'est impossible !... Elle ne l'aime pas, elle ne peut pas l'aimer !... Que s'est-il donc passé, mon Dieu ?... Ce matin encore elle me parlait d'amour... Qu'est-il arrivé depuis lors ?... Mais parlez donc !...

— Il est arrivé que tout à l'heure M. Sommerhorn est venu demander à M. Rettagliosi son consentement à son mariage avec sa nièce ; il y a longtemps, paraît-il, qu'il en était question, sans que je me fusse jamais douté de rien, comme un vieil aveugle que je suis. M. Rettagliosi avait fixé un délai pour répondre, et ce délai est expiré. M. Sommerhorn a fait valoir sa fortune, ses aristocratiques alliances, l'amitié visible que lui a toujours témoignée *la signora* et qui lui a permis de concevoir d'ambitieuses espérances ; il a rappelé qu'il était reçu à la cour, mais qu'il avait l'intention de se fixer définitivement en Italie, et que tout le portait à croire qu'il serait appelé un jour à représenter son pays auprès du gouvernement royal, etc., etc. Bref, M. Rettagliosi a répondu que cette demande était un honneur pour sa famille, qu'il était temps, en effet, pour sa nièce de se choisir un époux, qu'elle avait manifesté bien des fois des sentiments non équivoques d'affection pour la personne de son voisin de campagne et d'admiration pour son savoir ; qu'il serait donc, quant à lui, charmé de donner son consentement à cette union, etc., etc.

Que pouvais-je faire, que pouvais-je dire pour arrêter un si beau zèle ?... *La signora*

elle même s'est laissée ensorceler par ce
gibelin que le ciel confonde... Il n'y a qu'à
courber la tête en pleurant sur Jérusalem
livrée aux mains des barbares...

— Mais vous ne savez donc pas que je
l'aime, que je l'aime plus que ma vie, plus
que Dieu, plus que tout au monde...

— Si, mon pauvre enfant, je le sais ; qui
donc pourrait la voir sans l'aimer ?... Je le
sais et je venais vous préparer à cette triste
nouvelle ; j'espérais que, de la bouche d'un
ami, le coup serait moins dur et je voulais
vous emmener à Cumes, où nous pourrons
pleurer ensemble sur nos rêves de bonheur
à jamais disparus...

Je m'étais affaissé sur un bloc de rochers,
écrasé par une déception, par un désespoir
au-dessus des forces humaines ; le vieux
chapelain, debout devant moi, m'avait pris
les deux mains et me regardait d'un air at-
tendri, cherchant des paroles de consolation
et d'espérance qui expiraient dans son gosier
contracté.

Je me redressai d'un bond, et m'arrachant
à son affectueuse étreinte :

— Non ! m'écriai-je, ce serait lâche de
céder ainsi sans combat ! Plutôt souffrir mille
morts qu'une pareille incertitude... Je veux
entendre de sa bouche mon arrêt, et si elle
m'a cruellement trompé tout à l'heure, eh
bien ! j'arracherai à deux mains son amour
du fond de mon cœur, dussé-je souffrir en
un jour tous les tourments de l'enfer !...

— Allons, du courage, mon enfant, mur-
mura le vieux chapelain ;

Immedicabile vulnus
Ense recidendum neu pars sincera trahatur!...

Mais déjà je l'avais quitté et m'élançais, en courant, dans la direction de la *palaz-zina*.

Gianbattista, mon contre-maître de Cumes, qui venait d'amarrer son embarcation au fond du petit havre, m'arrêta au passage, et, son bonnet de laine brune à la main :

— Son Excellence m'excusera, me dit-il ; un éboulement s'est produit cette nuit et nous avons pioché aujourd'hui sur de vieilles tuiles toutes couvertes de dessins très-drôles ; je n'ai pas osé continuer, crainte de déplaire à Son Excellence ; j'ai dit comme ça à mes hommes : Il faut s'arrêter et aller prendre les ordres de Son Excellence... et me voilà...

— C'est bien, mon garçon, c'est bien ; nous partirons demain matin, au petit jour.

De loin, au travers des bosquets de gardé-nias et de lauriers-roses m'apparaissait, à demi voilée par les premières ombres du soir, la robe blanche de Mme di Lecco, qui se dirigeait lentement vers la *Fontana amorosa*.

Elle était seule ; je la suivis de loin sous un berceau d'eucalyptus et de citronniers, retraite charmante creusée dans une an-fractuosité de la muraille de basalte au fond de laquelle s'échappait à flots pressés une source abondante, fraîche et limpide qui s'é-panchait dans un petit bassin rempli de lo-tus bleus et blancs, puis s'enfuyait en mur-

murant au travers des pelouses. Mme di
Lecco s'était assise sur un banc rustique et
les dernières clartés du soir, tamisées par
le feuillage grêle des grands arbres, entou-
raient son visage sérieux et pensif comme
d'une pâle auréole Je m'avançai lentement,
comprimant à deux mains les battements
désordonnés de mon cœur qui menaçaient
de m'étouffer.

Le murmure de l'eau jaillssant du rocher
et, retombant en cascade le long des aspe-
rités de la paroi, l'empêchait d'entendre mon
approche. J'étais à côté d'elle lorsque le
bruit du sable criant sous mes pas parvint à
ses oreilles; elle tressaillit et se leva d'un
bond.

— Vous m'avez surprise, me dit-elle en
souriant, et elle m'indiqua de la main une
place sur le banc auprès d'elle

Je restai debout, les bras croisés, le cœur
déchiré par une angoisse indicible, ne sachant trop si je n'allais pas me précipiter à
ses genoux, implorant sa pitié et comme
l'aumône de son amour.

Je ne sais quelle honte, quelle pudeur de
mon désespoir me retint; son regard cherchait le mien; effrayée peut-être de l'expression qu'elle y lut, elle recula lentement jusqu'à la muraille de rochers, à laquelle elle
s'adossa.

— Ainsi donc, lui dis-je, vous l'épousez...
Quand tout à l'heure vos lèvres cherchaient
les miennes, quand vous laissiez mes bras
enlacer votre taille adorée, c'était un jeu de
votre part et vous vous plaisiez à mettre
ainsi mon pauvre cœur en lambeaux.....

— Non, dit-elle à voix basse, c'était un rêve... ne vous en avais-je pas prévenu ?... Un rêve, et le réveil a sonné plus tôt que je ne l'attendais...

— C'est vrai, répondis-je, avec accablement, vous me l'aviez bien dit : ici le rêve, là-bas la réalité... mais l'ivresse de votre amour m'avait fait tout oublier, et votre rang, et ma position, et mon infortune... La marquise di Lecco, qu'attendent les salons de Naples et les bals de la cour, a-t-elle pu songer un instant à l'inconnu, à l'archéologue aux gages de son oncle qui n'aurait pas même un peu de gloire à offrir à sa fiancée... Insensé, qui ai oublié tout cela... Et cependant, je vous aimais tant !...

Et, saisissant ses deux mains, j'y enfouis mon visage et sanglotai follement.

Elle se dégagea doucement et essuya ses yeux humides :

— Guendalina, lui dis-je à voix basse, je vais partir ; c'est fini, plus jamais vous n'entendrez parler de moi ; un adieu, un dernier baiser, par pitié !...

Elle secoua la tête.

— Que je n'emporte pas dans la solitude où je vais souffrir, un souvenir trop amer... Vous êtes si bonne... c'est une aumône que j'implore à mains jointes, une de ces aumônes qu'on accorde toujours aux malheureux... Guendalina, un seul baiser... et puis ce sera la fin...

— Eh bien ! pars, va-t-en, adieu ! s'écria-t-elle, et, comme le matin, au sommet de l'Epoméo, elle appuya ses lèvres brûlantes sur les miennes et m'étreignit de ses deux

bras ; puis, au moment où, perdant conscience de mes actions j'allais la retenir sur
mon cœur, elle m'échappa d'un bond et se
sauva en courant derrière les massifs du
petit parc.

Cumes, 16 octobre.

J'ai quitté Ischia pour n'y plus revenir, le
lendemain matin au petit jour ;

Ainsi l'homme exilé du champ de ses aïeux,
Part avant que l'aurore ait éclairé les cieux.

J'ai tout raconté à don Egidio, qui a voulu
m'accompagner et s'est attaché avec une
sollicitude touchante à panser les blessures
de mon cœur. Depuis quinze jours, il ne m'a
pas quitté ; partageant ma modeste cabane
de Cumes, il a veillé sans relâche sur mes
moindres démarches, comme si mon air
égaré et le désespoir qui altérait jusqu'au
son de ma voix, lui avaient fait craindre
que je ne me portasse à quelque funeste extrémité. Nous avons parlé d'elle bien longtemps chaque jour, et il semblait me remercier d'avoir courbé la tête sous l'implacable
destinée sans mot dire et sans me laisser
entraîner à quelque éclat insensé.

— C'est d'un bon et brave enfant, me disait-il ; l'honneur et la grandeur de « la fa-

mille » avant tout! nous songerons à nous ensuite!

La sympathie et l'approbation du vieux prêtre m'ont fait du bien ; il s'est mis au travail avec moi et m'a redonné du goût à l'ouvrage ; chaque coup de pioche maintenant met au jour des trésors de l'art grec et étrusque superposés ; tout un monde inconnu apparaît à mes yeux éblouis, et je pourrais démontrer actuellement, pièces en mains, ma grande théorie sur la civilisation de l'Etrurie, qui faisait jadis la risée de mes camarades à Lyon ; mais je n'ai guère le cœur à la science, et sans don Egidio, qui me grondait doucement, je crois que j'aurais, aujourd'hui que la vie n'a plus de but pour moi, envoyé avec une âpre volupté, avant que nul autre œil humain ne les eût contemplés, ces poteries si finement ciselées, ces peintures, ces dessins sans prix s'user et disparaître à jamais dans les remous éternels de la Méditerranée...

Mais don Egidio m'a peu à peu rappelé à la raison ; émerveillé lui-même des trésors que nous découvrions, bien que n'en comprenant pas toute l'importance, il m'a rendu quelques lointaines réminiscences de mon enthousiasme d'autrefois et m'a montré que, grâce à la science, je pourrais peut-être oublier encore...

Il est parti ce matin, emmenant à Naples deux voitures de nos monuments les plus précieux ; sous sa conduite, je n'ai rien à craindre pour leur arrivée à bon port ; il y tient plus qu'à sa vie, le digne homme ; nos

découvertes ne constituent-elles pas aussi
une des gloires de « la famille » ?

Et je suis de nouveau seul, vivant au milieu des ruines des civilisations disparues
comme au milieu des ruines de mon cœur...
Oh ! si je pouvais au moins pleurer !...

24 octobre.

Ce matin, j'étais monté au sommet de l'A-
cropole pour tâcher de me rendre compte,
par une vue d'ensemble, de la topographie
de l'antique cité ; mais l'effort d'imagination
qu'exigeait la reconstitution d'une grande
ville sur cette plage déserte et mamelonnée
dépassait mon courage ; malgré moi je dé-
tournais les yeux des champs où fut Cumes
et les laissais glisser au sud, vers cette pyramide bleuâtre de l'Epoméo qui échancre
au loin l'horizon et qui attire sans cesse les
plus intimes puissances de mon être entier,
comme le pôle boréal de l'aiguille aimantée.
Pendant que je songeais tristement à mes
amours brisées et que les flots de pensées
douloureuses qui emplissent mon cœur me
montaient aux lèvres, un point noir se détachant de la base des collines orientales et se
mouvant avec rapidité sur la route de l'*Arco
felice* vint attirer mon attention ; je distin-
guai bientôt un cavalier galopant sur un
cheval brun.

Un cavalier au galop, sur un vrai cheval,
dans ce pays où l'âne est le roi de la création, que pouvait-ce bien être ?... Quelque

étranger venant visiter Cumes?... Non, un promeneur n'irait pas à cette allure sur les chemins défoncés; un message pressé pour moi?... Quelque nouvelle infortune encore?... je n'allais pas tarder à recevoir la réponse à ces questions, car le cavalier approchait rapidement.

Cependant un groupe nombreux de personnes à cheval apparut bientôt à la base des collines, à la suite du premier cavalier; des armes, des uniformes multicolores étincelaient au soleil; à peine étais-je revenu de ma première impression de surprise que le cavalier qui précédait les autres arrivait devant ma petite chaumière et, attachant sa monture au tronc d'un olivier, pénétrait chez moi. Je descendis en courant à sa rencontre; conduit par ma femme de charge, il venait déjà au devant de moi et me tendit un chiffon de papier plié en quatre, sur lequel M. Rettagliosi avait griffonné quelques mots au crayon.

« Le roi, en villégiature aux Astroni, veut, me disait-il, profiter d'une partie de chasse pour visiter vos fouilles de Cumes avec ses aides de camp et les principaux archéologues du royaume réunis à Naples en ce moment; le messager qui vous apportera cet avis — un piqueur royal — précédera les nobles visiteurs de quelques instants à peine... faites tout disposer... »

Je n'avais pas encore eu le temps de secouer la poussière qui souillait mes vêtements que le trot rapide d'une trentaine de chevaux de sang ébranlait le sol desséché autour de ma demeure; je m'avançai pour

recevoir le roi, qui mettait pied à terre, et
auquel M. Rettagliosi me présenta avec
mille compliments beaucoup trop flatteurs
sur ma science et mon zèle.

Victor-Emmanuel, en costume de chasse,
couvert de la blanche poussière des champs
phlégréens, le fusil en bandoulière, le revolver et le couteau de chasse à la ceinture,
ressemblait plus à un hobereau campagnard
qu'au fondateur d'une grande nation. Me
tendant la main avec cette cordialité exquise qui l'a fait à plus d'un titre surnom-
mer le roi galant-homme et que nos souve-
rains improvisés ne sauront jamais qu'imiter
gauchement :

— Soyez le bienvenu, monsieur, me dit-il
en français ; nous avons appris vos beaux
travaux, les heureux résultats obtenus par
vos patients efforts, et nous avons voulu
vous apporter nous-même le témoignage
de notre satisfaction. Ces messieurs, ajouta-
t-il en se tournant vers les savants qui l'en-
touraient, vous diront mieux que moi combien notre chère Italie sera fière de trouver
en vous un fils d'adoption et quelle large
place vous est acquise dès aujourd'hui parmi
les représentants de la science nationale.
En vous accueillant, d'ailleurs, c'est à l'un
des nôtres que nous ouvrons les bras ; la
France est et restera toujours, je l'espère,
plus et mieux que notre sœur aînée, et je
n'ai jamais su, pour ma part, distinguer
entre les collaborateurs qui m'ont aidé à
mener à bonne fin la grande œuvre de l'u-
nité nationale ceux qui parlaient l'idiome

du Dante de ceux qui m'entretenaient dans la langue que m'ont apprise mes ancêtres...

Oh! que n'était-elle là, elle qui me disait jadis que la gloire avait quelque prix à ses yeux! En voyant ainsi son indigne adorateur accueilli les bras ouverts par son roi, comblé d'éloges par les hommes les plus illustres de son pays, peut-être l'eût elle regardé d'un œil moins dédaigreux et se serait-elle dit que le jeune archéologue français pourrait bien lui donner un jour autant de gloire et d'éclat qu'un banquier franc-fortois...

Mais elle était bien loin... mariée peut-être, et ces éloges, cette faveur royale qui m'auraient pour elle fait tourner la tête, glissaient sur mon cœur insensible comme les pluies d'hiver sur les pentes polies de l'Epoméo...

Le roi voulut visiter en détail toutes les fouilles; il se fit expliquer la langue que parlent ces bas-reliefs, ces peintures, ces poteries chargées de dessins, ces sculptures d'un art exquis enfouies sous vingt siècles de colonisation grecque et comme ruinées par un assaut, par le sac de la ville entière sur les débris de laquelle se sont assis les conquérants; il me fit démontrer, pièces en main, combien est faux et injuste pour les antiques civilisations italiotes la tradition consacrée par les vers fameux du poète :

Græcia capta ferum victorem cepit et artes
Intulit agresti Latio.....

Ces arts cultivés sur le sol de la vieille Etrurie, c'est la Grèce qui est venue les écraser sous la force brutale, c'est dans sa colonie victorieuse que se réfugiaient les Tarquins chassés, par un dernier effort de la ligue étrusque, de ce Latium qu'ils essayaient d'asservir. Comme plus tard les Espagnols dans le Nouveau-Monde, les Grecs sont venus en hordes barbares ravager l'Italie florissante, et ont si bien détruit tout ce qui n'était pas eux qu'il nous faut aujourd'hui de longs efforts, de patients travaux et les hasards inespérés des fouilles de l'archéologue pour reconstituer une pâle esquisse de ces civilisations préhistoriques effacées par les envahisseurs.

Ce n'est pas sans soulever maintes objections que j'achevai l'exposé des faits si clairement, si irréfutablement démontrés par nos fouilles, mais un coup d'œil du roi arrêtait les observations avant même qu'elles se fussent formulées sur la bouche des savants qui l'accompagnaient ; il voulait tout entendre, et les théories que je développais semblaient répondre à un rêve, à des espérances longtemps caressées par lui. Au moment où il allait reprendre le cheval que lui amenait un piqueur :

— Ce n'est qu'un examen que je vous ai fait passer aujourd'hui, monsieur, me dit il gaîment ; à demain la distribution des prix ; nous donnerons, à Naples, un dîner de gala en votre honneur ; mais je tiens à vous dire dès aujourd'hui que je suis enchanté de vos belles découvertes et que les éloges pompeux que m'avait faits de vous mon brave Rettagliosi me paraissent encore au-dessous de ce que vous méritez, maintenant que j'ai vu par moi-même. Soyez certain que le roi d'Italie n'oubliera jamais ceux qui se consacrent comme vous le faites à la gloire de sa patrie bien-aimée.

Et l'escorte royale repartit au grand trot, au bruit des joyeuses fanfares que sonnaient les piqueurs.

Naples, 30 octobre.

Un corricolo envoyé de Naples est venu me chercher ce matin ; c'est aujourd'hui que je dois paraître à la cour, et ces honneurs qui m'eussent rempli d'allégresse, si je pouvais *lui* en faire hommage, me semblent maintenant la plus rude corvée de ma position... Ma sauvagerie farouche d'autrefois, que le soleil de Naples et l'éclat de ses beaux yeux avaient quelque peu dissipée, m'a repris plus que jamais... Ce n'est pas impunément que l'on éprouve les déceptions, les souffrances qui m'ont déchiré le cœur, et je voudrais m'enfuir au bout du monde, loin des hommes, loin de Dieu, loin de moi-même...

Le retour dans ce grand palais de Pizzo-Falcone où je l'ai vue pour la première fois, dans cette chambre élevée qui domine la *marine* de Santa Lucai et la pyramide à double sommet du Vésuve, dans ces appartements nus et sévères où pour la première fois j'ai senti sa petite main trembler sous mes lèvres frémissantes, m'a fait souffrir encore ; il m'a fallu toute ma raison, tout mon courage pour me décider à endosser les vêtements de cérémonie que m'avait fait préparer M. Rettagliosi : les acteurs qui jouent, la mort dans l'âme parfois, un rôle de paillasse doivent éprouver de ces émotions-là en revêtant les oripeaux grotesques qui feront rire le public...

La nuit tombait et des multitudes de petites barques blanches regagnaient lentement le port dans la tiède atmosphère du soir, quand le vieux majordome, qui m'avait si fort intrigué à ma première arrivée à Naples, vint me prévenir que l'équipage était avancé et que M. Rettagliosi m'attendait ; en s'effaçant pour me laisser passer, il me remit mystérieusement un petit bout de papier chiffonné, puis disparut avec une prestesse de singe dans les longues galeries. Préoccupé de mille pensées tristes, je faillis jeter ce message sans le lire, lorsqu'un vague parfum de gardénias fleuries vint me faire tressaillir ; ce papier avait-il donc enveloppé un bouquet de ces fleurs ?... Qu'y aurait-il eu d'étonnant à cela, d'ailleurs ? Bien que rares à Naples, les gardénias n'y sont pas introuvables ; mais celles-là pouvaient venir d'Ischia...

Je m'approchai d'une fenêtre et lus, aux dernières clartés d'un jour mourant, ces simples mots tracés au crayon au dessus de la signature de don Egidio :

« Espoir et courage ! Les Gibelins retourneront à Canossa. »

Don Egidio! Etait-il donc à Naples?...
Pourquoi ne l'avais-je point encore vu et
que voulait-il me dire?...

Je trouvai M. Rettagliosi préoccupé et ne
pus obtenir aucun éclaircissement, malgré
mes efforts pour amener la conversation
sur don Egidio, durant le court trajet de
Pizzo-Falcone au Largo del Castello. Bientôt la voiture s'engouffra sous les voûtes
épaisses du palais royal, et nous mîmes
pied à terre au bas du fastueux escalier à
double rampe de marbre blanc qui fait l'orgueil des architectes napolitains. L'éclat des
lumières, le parfum des fleurs, les senti-
nelles en grande tenue qui garnissaient les
paliers de la montée, l'émotion de me trouver jeté malgré moi dans les grandeurs de
ce monde me troublaient un peu la cervelle,
et je sentais bourdonner confusément mes
idées dans ma tête; un hérault nous an-
nonça d'une voix de stentor, et je vis le roi
lui-même se détacher d'un groupe d'officiers
pour venir à notre rencontre.

Le grand salon était plein de monde;
j'osai à peine y jeter un timide regard, et si
j'avais été seul je ne me serais jamais senti
le courage de m'avancer au milieu de cette
foule aristocratique qui semblait m'examiner curieusement; je m'effaçai derrière
M. Rettagliosi et crus que nous n'arrive-
rions jamais jusqu'auprès du groupe où
se trouvait le roi, au centre de la vaste
pièce.

Il avait fait quelques pas au devant de
nous; il serra la main du comte et, passant

amicalement son bras sous le mien, me
présenta aux grands personnages qui l'en-
touraient, puis se tournant vers moi :

— Je vous ai promis hier, me dit-il, une
récompense de la charmante matinée que
vous m'avez fait passer ; la politesse des rois
est, dit-on, l'exactitude ; voici donc mon
présent.

Et enlevant de son cou le grand cordon
de l'ordre du Mérite, il le passa autour du
mien.

— J'aurais voulu, poursuivit-il, y ajouter
la couronne de marquis, mais de plus jolies
mains que les miennes se sont chargées de
ce soin et je serais vraiment cruel d'affliger
de si beaux yeux en leur déflorant le bonheur de faire un heureux

Et m'entraînant vers un petit boudoir
dont une portière de damas fermait l'entrée :

— Allons! monsieur, s'écria-t-il, embras-
sez votre fiancée...

Et il me jeta dans les bras de Mme di Lecco,
qui, debout, palpitante, noyée dans des flots
de mousseline blanche, attendait mes baisers...

. . . .

En sortant de table, je me trouvai face à
face avec M. Sommerhorn, en grand uniforme de colonel prussien.

Il me salua cérémonieusement.

— Vous avez gagné la revanche, monsieur, me dit-il, mais il me reste la belle, et
je ne jette pas mes cartes !

Malgré moi, malgré l'absurdité d'une semblable menace, une angoisse indicible vint m'étreindre le cœur... Ai-je besoin de dire que le doux sourire et les regards enivrants de ma Guendalina adorée effacèrent bien vite ces folles appréhensions et jusqu'au souvenir de l'odieux personnage qui les avait inspirées ?

TROISIÈME PARTIE

I

Les dernières clartés du jour mourant derrière les plages basses d'Ostie éclairaient d'une vague lueur les lignes majestueuses de la campagne romaine et les longues rangées des aqueducs en ruines lorsque j'achevai la lecture de ces pages.

Ce qui s'était passé après qu'un bonheur inattendu avait forcé Raoul à interrompre son journal, il n'était pas difficile de le reconstituer ; une partie de l'hiver avait été consacrée aux préparatifs de son mariage, l'autre à la « lune de miel », au fond de la solitude de Val-d'Aranci, véritable désert, ainsi que toute l'île d'ailleurs, où il n'est d'usage de séjourner que pendant les cha‑leurs; ce n'est qu'aux premiers jours du printemps que les deux époux s'étaient sentis l'un et l'autre assez rassasiés d'amour pour se décider à un voyage de noces, tradition‑nel d'après nos mœurs françaises. Raoul avait naturellement voulu montrer à sa femme son pays qu'elle ne connaissait pas encore, et ces grandes villes, alors si opu‑lentes et si fastueuses, qu'elles paraissaient au voyageur étranger autant de paradis terrestres où de rares privilégiés pouvaient seuls planter leur tente.

Ce voyage dura trois mois et le temps que j'avais à passer en Italie touchait à sa fin, lorsque je reçus un matin une gracieuse in‑vitation des châtelains de Val d'Aranci. On m'attendait à Lecco-d'Ischia, on voulait me montrer ce beau pays où une vie agitée et mi‑sérable avait enfin trouvé le bonheur, et une main légère avait gaîment ajouté, au-des‑sous de la signature de Raoul, ces quelques mots que je ne m'expliquai pas très bien tout d'abord : « Le Français et l'Italien sont seuls autorisés sur les terres de Circé. »

Le sens de cet avertissement, qui visait à parodier le « on dansera » ou le « cravate blanche » des invitations parisiennes, com‑mença à s'éclaircir lorsque je me vis abor‑der dans le bateau d'Ischia par un person‑nage à tournure et à accent germaniques qui avait fait le voyage de Rome à Naples avec moi. Grâce à la familiarité presque af‑fectueuse qui s'établit naturellement en Ita‑lie entre inconnus voyageant ensemble, il

me demanda bientôt si j'avais des connaissances à Ischia, et quand il eut appris que
je me rendais chez un de mes compatriotes
à Lecco, il n'est sorte de prévenances qu'il
ne me prodiguât durant les deux ou trois
heures de traversée. Comme par hasard il
me parla de la famille Rettagliosi, avec laquelle il était très-lié, me dit il, et qui venait de temps en temps passer quelques
jours dans une villa de l'île, il se mit tout à
ma disposition pour des courses géo'ogiques
ou archéologiques dans les vallons de l'Epoméo et m'invita chaleureusement à visiter
son musée, ses collections d'antiquités pithécusiennes réunies à grands frais et fort curieuses, m'assurait-il.

Je n'avais pas eu de peine à reconnaître
M. Sommerhorn dans cet ischiote si accueillant, et je m'amusais prodigieusement à
suivre son petit manége, ses efforts pour se
concilier des intelligences dans la place dont
il n'avait pas renoncé à faire le siège en règle, suivant la patiente tactique des géné-
raux de son pays. D'après ce que je savais
des habitants de Val-d'Aranci, il ne me
semblait alors rien moins que redoutable
et je pris un malin plaisir à répondre
avec empressement à ses avances et à lui
laisser croire qu'il trouverait en moi un
naïf auxiliaire.

Raoul m'attendait sur la petite jetée de
Casamicciola où s'arrêtent les vapeurs; une
yole américaine, montée par quatre robustes rameurs, nous emmena bientôt, en con-
tournant les promontoires septentrionaux
de l'île, jusqu'au pied des falaises basalti-

ques de Lecco, au travers desquelles s'ouvre le cratère devenu aujourd'hui Val-
d'Aranci. C'était une délicieuse matinée de
juin, et la mer d'un azur étincelant, les pentes boisées de l'île, les blanches villas cou-
ronnant çà et là les promontoires, l'enivrant parfum des citronniers en fleurs remplissaient nos âmes d'une douce quiétude.
Assis au fond de la petite barque qui glissait comme une flèche sur les molles ondu-
lations de la vague marine, nous nous lais-
sions aller aux joies de nous retrouver après
une longue absence.

— J'ai voulu, me disait Raoul, vous faire
aborder par mer à Val-d'Aranci, comme je
l'ai fait moi-même la première fois que j'y
suis venu; par terre, la route eût été plus
courte, peut-être, mais vous n'auriez pas
éprouvé la délicieuse surprise qui a laissé
dans mon cœur une trace ineffaçable, lorsque j'ai vu tout à coup s'ouvrir entre ces
deux sombres murailles de rochers le petit
Eden que voici...

Et sa main me montrait le cirque charmant de Val-d'Aranci, qui venait d'apparaître comme un décor d'opéra entre une
fissure des falaises.

La description enthousiaste de mon ami ne
m'avait point fait rêver trop belle cette plage
enchanteresse. Le petit havre tranquille, le
vieux cratère recouvert d'une végétation luxuriante, la *palazzina* et sa haute tour balustradée resplendissaient au gai soleil de
Naples, dans la tiède atmosphère tout embaumée du parfum des orangers, des vignes
en fleurs et des gardénias, dont les premières

corolles commerçaient à s'ouvrir ; jamais les peintres de l'école dite classique, les Boucher, les Albane, les Poussin, n'ont rêvé de paysage d'une plus ravissante harmonie, où tout fût plus gracieusement réuni pour le plaisir et la joie des yeux.

Mais le plus merveilleux joyau de cet incomparable écrin était encore la jeune châtelaine dont la rayonnante beauté effaçait toutes les splendeurs de la nature inanimée. Vêtue, suivant sa coutume, de mousseline blanche, dont les tons mats rehaussaient la chaude carnation de son teint et l'or rougeâtre de ses cheveux, elle nous attendait à l'ombre des grands pins parasols et nous accueillit avec les plus vives démonstrations de joie et de cordiale affection. Le temps n'avait pas encore émoussé l'ardeur des sentiments qu'elle éprouvait pour son mari, et quelque habitué que je fusse déjà aux mœurs italiennes, la vivacité de sa tendresse pour lui et l'exubérance de ses démonstrations d'amour ne laissaient pas que de m'étonner un peu. Quant à lui, il éprouvait pour sa femme une adoration faite de reconnaissance, de surprise, d'étonnement d'un bonheur inespéré et de joie de la délivrance d'un passé douloureux autant que de sympathie profonde, d'admiration esthétique et d'enthousiasme d'artiste. Que de fois ne me demandait-il pas, en me la montrant de loin venir nous rejoindre sous les ombrages du parc, si tout ce qui nous entourait n'était pas un songe auquel l'arracherait bientôt un affreux réveil, si c'était bien à lui qu'appartenait tout entière

cette créature séduisante dont les anges du
ciel auraient voulu pour compagne... Que de
fois, emporté par l'ivresse d'une passion
sans bornes, ne se serait-il pas précipité à
ses genoux comme aux pieds de la déité
dont le culte remplissait son âme, si elle ne
l'eût attiré sur son cœur par un geste plein
d'un chaste amour et n'avait étouffé sous
ses baisers les formules d'adoration par
trop païennes qui se pressaient sur ses lèvres...

Val-d'Aranci était solitaire, bien que la
plus brillante société napolitaine commen-
çât à émigrer dans l'île. La solitude seule
convient aux amoureux qui vivent de leur
passion, et quelque flatté que je fusse de la
preuve d'affection que me donnait Raoul en
m'invitant à partager son tête-à-tête, j'aurais fini par trouver monotone le séjour de
la *palazzina* sans la présence de don Egidio.
C'était bien l'excellent homme que m'a-
vait dépeint le journal de mon ami ; dévoué
corps et âme à la noble famille sur les terres de laquelle il avait passé sa vie, adorant
d'une affection toute paternelle la jeune
marquise qu'il avait élevée, il ne manquait
pas d'une instruction remarquable sur certains points et d'une intelligence aussi fine
que développée. Sa bonhomie spirituelle et
quelque peu malicieuse ne lui avait pas en-
levé une qualité à peu près introuvable aujourd'hui et déjà bien rare au temps jadis,
s'il faut en croire un passage célèbre d'une
satire d'Horace, le contentement de son
sort. Il trouvait le petit cratère de Val-d'A-
ranci la plus belle contrée du monde, ses

études géologiques les plus intéressantes que l'on pût faire et son existence la plus heureuse qu'il eût jamais souhaitée. Aussi, sa vie n'était-elle qu'un hymne interrompu d'actions de grâce à la Providence qui avait devancé tous ses désirs, et sa bonne et souriante figure remplissait-elle, par un effet d'irrésistible sympathie, ceux qui la contemplaient d'une instinctive satisfaction. Il m'avait pris bien vite en affection, — j'étais l'ami de son maître et ce titre lui suffisait sans doute, — et il se faisait le guide minutieux et empressé de toutes mes matinées. Grâce à lui, je connus bientôt l'île entière, les moindres détails de sa formation volcanique, et ses innombrables curiosités naturelles aussi bien que les officiers d'état-major qui en ont dressé la carte. Plusieurs fois nous rencontrâmes M. Sommerhorn dans nos courses, et rien ne peut donner une idée de la précipitation comique avec laquelle don Egidio tournait les talons pour l'éviter, du plus loin qu'il apercevait sa haute taille surgir de derrière un rocher.

— Je n'aime pas cet aigle roussâtre, me disait-il chaque fois ; c'est lui qui a perdu la pauvre Elka, et si on l'avait laissé faire, il n'aurait pas dépendu de lui que la *signora* ne suivît le même chemin !...

— Au fait, qu'est devenue Mlle Elka ?

— Elle est chez lui, parbleu, la *pazzerella !* Après ce qui s'était passé, vous pensez bien que je me suis empressé de la mettre gracieusement à la porte dès que j'en ai obtenu l'autorisation. Naturellement, elle s'est réfugiée chez lui ; c'était bien le moins qu'il lui dût, et depuis lors ils tournent l'un et l'autre autour de Val-d'Aranci comme un corps d'éclaireurs autour d'une forteresse... mais on veillera et... je m'en charge! Cette petite distraction n'empêche pas, d'ailleurs, l'*illustrissimo* Sommerhorn de faire l'amour avec toutes les filles de l'î.e.. Par saint Antoine et la Madone! je ne sais vraiment pas comment ces gibelins ont la cervelle bâtie, mais ils savent mener tout de front, et les études de géologie plus ou moins civile, et les fonctions d'attaché militaire à l'ambassade prussienne, et la recherche, a temps perdu, d'une épouse parmi les nobles *gentildonne* des Deux Siciles, et les intrigues avec leurs dames de compagnie, et les galanteries de bas étage avec les *contadine*... C'est à désespérer de malheureux Latins comme nous, qui ne savent pas chasser tant de lièvres à la fois!...

Et le brave chapelain, tout en riant lui-même de ses plaisanteries, s'arrêtait pour allonger un coup de son marteau de géologue à une pierre du chemin qui lui semb'ait présenter quelque particularité intéressante.

II

Cependant, l'époque fixée pour mon retour en France approchait et je n'avais pas encore pu décider Raoul à me faire visiter ses fouilles de Cumes, qui avaient été la cause

première de son changement de fortune.
Chaque fois que je parlais d'une excursion
sur le continent, il trouvait un prétexte pour
en reculer la date, et cette répugnance visible à revoir les lieux où il avait laborieusement conquis la haute position qu'il occupait aujourd'hui m'étonnait de plus en plus;
je résolus d'en avoir le cœur net et m'en
expliquai franchement avec lui, un soir que
nous nous promenions seuls sur le rivage de
la grande mer.

— Mon cher, me dit-il, Cumes est le dernier souvenir qui me reste d'un passé douloureux que je voudrais effacer tout entier.
J'ai épuisé plus que ma part de travail et de
souffrances en ce monde, et je date maintenant ma vie d'une ère nouvelle qui commence à mon mariage. Tout ce qui l'a pré-
cédé m'est odieux et je ne veux même pas
reprendre mon journal, que vous me ferez
plaisir de garder en dépôt pour le cas où,
par extraordinaire, j'aurais besoin de me
rappeler quelqu'unes des particularités qui y
sont consignées. D'ailleurs, revoir Cumes
pourrait faire regretter à ma femme l'aban-
don de travaux dont elle tirait grandement
vanité et que je ne veux pas continuer. Il
me semble que j'ai assez largement gagné
droit au repos et à la tranquillité d'esprit
que je puis m'accorder sans remords aujourd'hui. Place à d'autres dans le grand
atelier de la pensée humaine! Qu'ils tra-
vaillent, ceux qui ont besoin de cela pour
vivre. Tout ce que je ferais maintenant serait autant de vols commis à leur détriment.
Le grand seigneur napolitain peut appeler

des archéologues français pour continu·r
ses travaux, il doit oublier qu'il fut lui-
même contraint jadis de manier la pioche
du terrassier !

— Et moi donc, qui appartiens à cette période de votre vie dont vous voudriez effacer le souvenir, me chasserez-vous aussi de
votre cœur?...

Je voulais plaisanter, mais, au fond, j'é-
tais profondément attristé par ce que venait
de me découvrir Raoul. Voilà donc où l'u-
sure de la vie, où des secousses trop fortes
pour cette nature délicate avaient conduit
une grande et puissante intelligence? Grisé
par l'opulence qui lui était inopinément
échue au moment où la lassitude du combat pour la vie allait dépasser ses forces, il
n'aspirait plus qu'à mettre en pratique les
théories attribuées peut-être faussement au
boudhisme par les philosophes occidentaux !
A vingt trois ans à peine, il se croyait des
droits au repos et prétendait entrer dans
une sorte de nirwâna intellectuel !...

Je connaissais trop la finesse et la réelle
élévation de son intelligence pour essayer
même une objection qui n'eût servi qu'à provoquer une réponce et à l'ancrer dans ses
idées par les efforts qu'il aurait faits pour
trouver des arguments à l'appui de sa conduite. Je voyais en lui une simple lassitude
morale que le temps se chargerait de dissiper et je me décidais à renoncer, sans mot
dire, à visiter Cumes, lorsque la jeune marquise vint nous rejoindre.

— Je viens de donner des ordres aux bateliers, nous dit-elle; nous partirons demain matin pour Cumes.

— Raoul tressaillit, puis prenant les deux mains de sa femme dans les siennes :

— *Lo vuoi*, lui dit-il avec une indéfinissable expression de tendresse houleuse, *sia dunque, mà per l'ultima volta !* Soit donc, puisque tu le veux, mais ce sera la dernière fois !

Nous partîmes tous les quatre le lendemain matin; la gaîté de la jeune femme rendit charmante cette promenade en mer ; arrivée sur la page basse où s'élèvent les débris de l'antique cité, elle courut comme une enfant dans les tranchées interrompues, et, saisissant de ses blanches mains les larges pelles recourbées, laissées depuis six mois sur place par les terrassiers, elle s'amusa à creuser le sol friable, à déterminer de petits écoulements de cendres durcies, prétendant qu'elle allait mettre au jour un trésor; puis, se suspendant avec mille coquetteries câlines au bras de son mari :

— Vois comme ce serait charmant de continuer ces fouilles qui m'ont fait te connaître, lui disait-elle; quelles belles choses nous découvririons encore, comme je serais fière et heureuse de te savoir le premier archéologue d'Italie et célèbre dans les deux mondes !

Raoul ne répondait que par des caresses muettes aux exhortations de sa femme, mais quelques instants après, tandis qu'elle s'occupait de faire servir le déjeuner sous les vieux oliviers pleureurs qui ombrageaient son ancienne chaumine, il m'emmena au sommet de l'acropole, et, me montrant les ruines amoncelées sous nos pieds :

— Voilà les lieux où j'ai tant souffert, s'écria-t-il, et le souvenir de ces souffrances me les a rendus détestés à jamais !...

— Le bonheur qui a suivi n'a-t-il donc pas tout effacé ?...

— Oui, sans doute, je suis heureux, bien heureux depuis six mois ; être arrivé au port, après la tempête, voir réalisées des choses qu'on n'eût jamais osé rêver, c'est bien là le bonheur ; mais ce bonheur, je veux qu'il dure ; la lutte a brisé mes forces et je n'aspire plus qu'au repos éternel ; je veux contempler de la plage bénie que j'ai enfin conquise les flots soulevés par la tempête, et les angoisses et les travaux des malheureux qui luttent contre le destin. Ce bonheur qu'a chanté Lucrèce et qui est celui de Dieu, c'est le seul qui vaille la peine qu'on se donne pour le conquérir ; il m'appartient aujourd'hui, et je n'irai point le gaspiller sottement ! « La nature demande-t-elle autre chose qu'un corps exempt de douleur, une âme libre de soucis, de travaux et d'anxieux tracas ? »

Nonne videre
Nil aliud sibi naturam latrare, nisi ut, cum
Corpore sejunctus dolor absit, mente fruatur
Jucundo sensu, cura semota metuque ?

— Mais, malheureux ! lui dis-je, perdant enfin patience, ne voyez vous pas que c'est précisément pour perpétuer ce bon-

heur qu'il faut vous remettre au travail ?
Croyez vous que vous ne finirez pas par
vous ennuyer de votre inaction et que vous
ne regretterez pas alors amèrement d'avoir
gaspillé dans une véritab'e paresse vos plus
belles années ? Vous savez bien que tout esprit qui ne progresse pas recule, et qu'à force
de reculer, on finit par perdre la faculté
d'avancer...

— Ah ! oui, interrompit-il en riant, Tœp-
ffer raconte quelque chose comme cela ; un
jour, deux de ses élèves parièrent de faire
je ne sais plus combien de kilomètres à re-
culons ; ils gagnèrent leur pari ; mais quand
ils voulurent se remettre à marcher comme
tout le monde, impossible ; ils eurent besoin
d'un nouvel apprentissage.

— Voyons, Raoul, parlons sérieusement.
Mme Guendalina vous adore aujourd'hui et
ne voit rien au-dessus de vous ; mais, si certain que vous soyez d'être aimé pour vous-
même, croyez vous que votre réputation
d'archéologue, la gloire que vous ont acquise
vos travaux, l'éclat qu'ils ont jeté sur votre
nom, l'accueil du roi et tant d'autres choses
dont vous êtes redevab'e à la science, votre
seule maîtresse d'autrefois, n'aient pas con-
tribué à dévelop er l'enthousiasme dont votre femme s'est éprise pour vous ? Etes-vous
assez sûr de vous même pour courir de
gaîté de cœur la terrible chance de la voir
se demander un beau matin, quand les premières années d'enivrement seront passées,
si elle n'a pas eu tort d'apporter sa jeunesse, sa beauté, sa fortune et son nom à un
homme qui ne veut rien lui donner en re-

tour, pas même cette gloire qu'il avait semblé lui promettre et dont elle se montre justement fière...

J'hésitais en parlant; les dures vérités que je croyais de mon devoir de faire entendre à mon ami, après les tendres reproches que sa femme venait de lui adresser, seraient-elles acceptées par lui et, au lieu de lui ouvrir les yeux et de provoquer une crise salutaire, ne révolteraient-elles pas son amour-propre pour le pousser davantage encore dans la voie déplorable où il s'engageait...

Ce fut, hélas! le mauvais côté de la nature humaine qui l'emporta.

— C'est bien, c'est-bien, me dit-il sèchement; je vous remercie de vos avis; mais, après tout, ce sont mes affaires, et je crois être seul juge des sentiments de ma femme et de ma conduite à son égard. Allons déjeuner.

III

Je quittai le lendemain Naples et l'Italie, emportant la crainte que les tristes présages dont j'avais, bien malgré moi, importuné Raoul ne reçussent tôt ou tard une douloureuse confirmation.

- Heureusement, les nouvelles qui me parvenaient assez régulièrement de Val-d'Aranci attestaient chaque mois l'inaltérabilité du beau ciel bleu des deux époux; leurs lettres, où s'enchevêtraient coquettement leurs deux écritures, l'un achevant les phrases commencées par l'autre, n'étaient qu'un long gazouillement d'amour ; elles m'apportaient dans notre climat triste et brumeux, au milieu de notre société fiévreuse et affairée, comme une vision de la sérénité antique et de la poésie des horizons rayonnants de l'Italie méridionale.

Deux années se passèrent ainsi ; peu à peu les lettres de Raoul devenaient plus rares ; datées tantôt de Naples et tantôt d'Ischia, leur forme concise, leur structure guindée et de plus en plus impersonnelle, si l'on peut ainsi parler, commencèrent à m'inquiéter. Son amitié pour moi se refroidissait-elle, n'écrivait-il plus parce que les gens comme les peuples heureux n'ont pas d'histoire, ou bien quelque trouble s'était-il produit dans sa vie si harmonieuse, telles étaient les questions que je m'adressais sans que jamais le courrier m'apportât une réponse aux interrogations affectueusement formulées dans mes lettres.

Malgré l'irrésistible attraction qu'exercent le ciel et la poésie intime de ces pays sur ceux qui en ont une fois contemplé et compris la beauté charmante, ce ne fut qu'au printemps de l'année 1870 que je pus repartir pour la Grande-Grèce. Les études qui m'appelaient en Italie me retinrent plusieurs semaines à Florence et à Rome, et je n'arrivai à Naples que dans les derniers jours de juin.

La grande ville était déjà presque déserte ; toute l'aristocratie s'était dispersée, sous prétexte de fuir la chaleur, dans les

montagnes, dans les villas de Castellamare
ou bien aux eaux et aux bains de mer d'Ischia. La partie septentrionale de l'île, celle
où se trouvent la plupart des sources ther-
males, a été prétentieusement décorée du
nom de Suisse napolitaine et passe pour
jouir d'une température très-fraîche, abritée qu'elle est contre les rayons du soleil et
les chaudes brises du sud par les hauts con-
treforts de l'Epoméo. Une société élégante
et folâtre s'y réunit chaque été et s'empare,
dès le printemps, des villas perchées, au
milieu de jardins d'orangers, sur de pittoresques promontoires volcaniques qui do-
minent de quelques centaines de pieds l'azur
de la Méditerranée et les délicieux points
de vue de Procida, de Misène, du golfe de
Baia, de Pouzzoles et du Vésuve, dont le
cône bleuâtre fume sans cesse à l'horizon.
De Borgo d'Ischia à Casamicciola, c'est
Trouville ou Etretat, avec le pittoresque et
la poésie d'une contrée où l'on n'a pas encore pu tracer une route carrossable, joints
à l'animation joyeuse et à l'orgie de couleurs que créent toujours autour d'eux ces
derniers représentants de la civilisation
athénienne prolongée jusqu'en plein XIXe siècle, qu'on appelle le peuple napolitain.
A Borgo d'Ischia, on a même construit, au
milieu de bosquets de lauriers-roses qui entourent coquettement un petit golfe régulièrement circulaire, un rudiment de Casino,
et ce ne sont chaque soir sur toute la côte,
sur les plages étroites qui bordent les falaises comme dans les plus hauts jardins
des plus coquettes villas, que chants, que

rires et que danses prolongées jusqu'à l'aurore dans le tiède silence de ces nuits plus étincelantes et plus belles que nos plus brillantes journées.

Val-d'Aranci était situé tout à l'extrémité de cette côte septentrionale, au milieu d'un chaos de cratères éteints dont les escarpements l'isolaient presque entièrement du reste de l'île ; on pouvait s'y enfermer comme à cent lieues de la foule brillante qui s'agitait à quelques kilomètres de là, et c'est ainsi que vivaient Raoul et sa femme la première fois que je les avais vus, se suffisant l'un à l'autre dans leur charmante retraite. Le souvenir de cette solitude s'était ainsi gravé dans ma mémoire et je n'aurais pu m'imaginer autrement ce merveilleux petit Eden.

Quelle ne fut donc pas ma surprise d'apercevoir, en sortant de la *cheire* ou tunnel qui seul met en communication le domaine avec le reste de l'île, les pelouses de Val-d'Aranci parsemées de groupes nombreux qui causaient, riaient ou folâtraient comme dans une « scène champêtre » des vieux peintres de l'école italienne.

J'avais fait la sottise de ne pas prévenir Raoul du jour exact de mon arrivée, et la société brillante qui remplissait le parc, les guirlandes de lanternes vénitiennes suspendues d'arbre en arbre, les serviteurs affairés qui couraient çà et là, me montraient assez que je tombais en pleine réception de gala.

Monté sur l'inévitable *ciuciù*, l'âne grotesque qui compose, avec la chaise à porteurs, le seul véhicule de l'île, vêtu en négligé de voyage, fripé et souillé de poussière par la course, j'allais faire triste figure, et il me fallut prendre mon courage à deux mains pour ne pas m'enfuir demander jusqu'au lendemain l'hospitalité à l'un des hôtels de Casamicciola. A l'étranger, le Français en voyage s'imagine toujours, plus ou moins, que tout le monde l'examine avec curiosité et qu'il doit à son pays de passer, aux yeux de tous, pour un modèle d'élégance et de bon goût. On aperçoit tellement l'influence française dominer partout, dans les modes, dans la forme et la couleur des vêtements, les parfumeries, les moindres détails de la toilette, de la cuisine et de la littérature, que la dose d'amour-propre possédée par chacun de nous s'en accroît d'autant et qu'on regarderait volontiers comme une atteinte à l'honneur national la perspective de n'être pas admiré de tout le monde.

Tel est le sentiment, — dont on se moque sans doute quand on est de retour en France, mais sous l'empire duquel on n'en retombe pas moins dès qu'on a passé la frontière, — qui me fit hésiter à ma sortie du tunnel de Val-d'Aranci et tirer machinalement la bride de ma monture. Malheureusement, celle-ci qui connaissait probablement les êtres pour y avoir souvent amené de Casamieciola des cavaliers inexpérimentés, prit ce geste mal dessiné pour une invitation à courir qui ne faisait d'ailleurs que seconder son propre désir; partant d'un joyeux galop, elle ne consentit à s'arrêter qu'à la porte des communs de la *palazzina*. Tout interloqué de cette course désordonnée qui menaçait de compromettre fort la dignité de mon entrée, je me hâtai de mettre pied à terre et d'aller saluer Mme di Lecco qui m'avait vu arriver et accourait plus aimable, plus accueillante et plus belle que jamais. Comme je m'excusais de tomber en pleine fête, et sans crier gare, au milieu d'une réception extraordinaire :

— Mais non, me dit-elle en ouvrant ses grands yeux d'un air étonné; il n'y a au château que deux ou trois familles d'intimes qui passent avec nous une partie de l'été; nous sommes au contraire en pleine solitude et nous avions grand besoin de votre arrivée pour donner un peu d'animation à notre existence qui tourne à la monotonie... Ces dames seront enchantées si vous voulez bien leur enseigner les figures a la mode des quadrilles parisiens et leur dessiner les travestissements qui ont eu le plus de succès dans les derniers bals de cet hiver... Vous allez certainement faire des passions, et je ne donnerais pas huit jours qu'elle ne soient toutes *innamorate*.

— Et Raoul?... Il est ici, n'est-ce pas; il va bien, depuis si longtemps que je n'ai eu de ses nouvelles?...

— Mais oui, mais oui... je ne sais vraiment où il est en ce moment... Messieurs, dit-elle en se retournant langoureusement vers trois ou quatre jeunes gens pommadés, frisés, tirés à quatre épingles avec cette fausse élégance des Napolitains singeant nos modes françaises et qui se tenaient à distance, me considérant comme autant de

chiens de faïence, messieurs, allez donc voir
ce que devient mon mari et dites-lui que notre ami est arrivé.

L'un d'eux s'approcha de quelques pas.

— *Il signor marchese Raul*, dit-il en s'inclinant, n'est pas à Val-c'Aranci; je l'ai vu
partir tout à l'heure et se diriger du côté de
Forio; mais si la *signora marchesa* le désire,
je me ferai un plaisir d'aller le chercher.

— Non, non, *poverino!* vous imposer une
course pareille, ce serait vraiment cruel;
d'ailleurs, où le trouver? Il était sans doute
dans un de ses accès d'humeur noire, de...
misanthropie, et qui sait alors ce qu'il devient? Il sent si bien lui-même combien c'est
ridicule qu'il va se cacher, jusqu'à ce que
cela lui soit passé, dans les *graie* les plus
sauvages, au milieu des rocs incultes des
coulées de laves; n'est-il pas resté, l'autre
semaine, assis tout un jour au plus haut
sommet de l'Epoméo!...

— A l'endroit où ses lèvres ont pour la
première fois rencontré les vôtres, lui dis-je
à voix basse.

Elle devint très-rouge.

— *Chi lo sa!* répondit-elle en baissant la
tête...

— Et don Egidio?...

— Oh! don Egidio est devenu un véritable ours, s'écria-t-elle en riant; il s'est organisé ce qu'il appelle un laboratoire de
minéralogie, au dernier étage de la grande
tour, et il passe là ses journées sans bouger,
à casser de petites pierres à coups de marteau et à souffler sur elles la flamme d'une
bougie avec un tuyau recourbé. Si vous vou-

lez le voir, c'est là que vous le trouverez bien certainement.

Je gravis lentement l'étroit escalier circulant au milieu de la double enveloppe de maçonnerie dont la tour était construite, comme le campanile de Saint-Marc à Venise. Ce que je venais d'apprendre sur les changements profonds survenus dans les habitudes des châtelains de Val-d'Aranci me remplissait de tristesse et de douloureuses appréhensions. Les derniers avis que j'avais donnés à Raoul en le quittant, deux années auparavant, et qu'il avait si mal accueillis, recevaient-ils donc déjà des événements une irréparable confirmation ?...

Je trouvai don Egidio assis à une grande table chargée de paperasses et d'échantillons minéralogiques. Le vieux prêtre semblait avoir vieilli de dix ans ; il se jeta dans mes bras avec effusion.

— Hélas ! me dit-il en secouant tristement sa tête blanchie, nous ne rions plus, à Val-d'Aranci, depuis qu'on s'y amuse tant !...

— Mais qu'y a-t-il donc ? qu'est-il arrivé ?. .

— Rien du tout, et c'est peut-être ce qu'il y a de pire ; vous avez vu combien la *signora* et son mari s'adoraient..., c'était le bon temps alors !... J'espérais avoir bientôt un petit comte di Lecco à élever et à instruire... Mais non ; peu à peu *la signora* a dit qu'elle s'ennuyait, elle a voulu aller passer quelques semaines à Naples ; elle y a couru les bals, les théâtres, les *conversazioni* ; de retour ici elle a invité les amis de la famille,

d'abord en petit nombre, puis bientôt toutes
les connaissances qu'elle avait faites à Naples..., et nous voilà maintenant une suc-
cursale du casino d'Ischia. Vous avez vu
tout à l'heure quelle jolie fournée cela
fait !... *Il signor marchese* n'a rien dit d'a-
bord, mais on voyait bien que toutes ces fêtes, toutes ces folies ne lui allaient guère...
ni à moi non plus. Puis il a voulu faire quelques observations ; on n'en a pas tenu
compte ; il les a répétées, elles ont été mal
reçues ; il a pris la chose du mauvais côté
et s'est fâché, insistant pour qu'on fermât
la porte de Val-d'Aranci à deux ou trois
jeunes gens qui papillonnent plus que de
raison autour de *la signora*. Alors, c'a été
terrible. Je n'aurai jamais cru ma petite
Guendalina, que j'ai élevée avec tant de
soins, capable de cela. Je ne sais vraiment
pas qui me l'a pareillement changée. Elle
s'est mise en colère et lui a répondu qu'elle
n'entendait pas consumer sa jeunesse dans
la solitude et l'ennui ; qu'après tout, Val-
d'Aranci lui appartenait, à elle, et qu'il devrait s'estimer trop heureux de l'avoir épou-
sée, etc., etc.

Depuis lors, c'a été fini ; *il signor marchese* n'a plus dit un mot, mais il court tout
le jour les montagnes, comme un homme
en train de perdre la raison. Moi, qui
n'aime pas toute cette dissipation et tout ce
bruit, je me suis retiré ici et m'occupe à
écrire la monographie de l'Epoméo ; sans
doute c'est bien intéressant ; mais lorsque
je songe de temps en temps au bonheur

d'autrefois, malgré moi je me sens envie de pleurer...

Et le digne homme, suffoqué par l'émotion, essuyait d'un revers de main ses yeux humides.

Raoul ne rentra qu'à la nuit. Il avait repris l'air sombre et lugubre que je lui avais connu à Lyon, lors de nos premières rencontres, et il me sembla, en le revoyant, retourner de trois ans en arrière. Il m'entraîna au fond du petit réduit de la *Fontana amorosa*, qu'éclairaient de vagues lueurs les reflets de l'illumination du parc, et là m'ouvrit son cœur.

— Je vous disais bien, s'écriait-il avec désespoir, que je n'avais ni forces ni courage pour soutenir le combat de la vie!... Au premier choc, me voilà abattu, renversé... Et je souffre, mon Dieu! je souffre tous les tourments de l'enfer... C'est folie, cependant; tant d'autres seraient heureux, à ma place, et ne comprendraient même pas ce qui me déchire le cœur !... Ma femme aime s'amuser ; elle est jeune, elle est belle, elle est riche ; quel mal y a-t-il à ce qu'elle veuille jouir de tout cela et de quel droit prétends-je lui imposer mes idées vieillies et sérieuses ? Toute cette aristocratie napolitaine ne mène-t elle pas la vie qu'elle veut mener, elle, et n'est-ce pas moi qui ai tort ? Mais je ne peux pas..., je ne peux pas me résigner à cela .. Nous étions si heureux, jadis, et je l'aimais tant !...

— Ecoutez, lui dis je, vous avez tort de vous désespérer et tout ne me semble pas perdu. Vous avez vous même creusé comme à plaisir un gouffre entre votre femme et vous. Elle était fière de son mari et la gloire que vous acquéraient vos travaux suffisait à remplir son cœur. Tout cela, vous avez voulu vous en débarrasser pour jouir d'un repos que vous n'aviez réellement pas encore gagné; vous avez méconnu la grande loi qui oblige de manière ou d'autre tout homme au travail, et vous en êtes cruellement puni; mais il est temps encore de venir à résipiscence et de reconquérir le cœur de votre femme sur la frivolité et l'indifférence qui l'envahissent peu à peu. Remettez-vous au travail sans rien dire; apportez-lui un beau matin quelque grande découverte qui réveille son enthousiasme endormi et vous la verrez bientôt reprendre goût aux choses sérieuses dont vous l'avez si imprudemment détachée... Mais d'abord, quittez cet air morose et désespéré qui vous fait ressembler à un trouble-fête et venez vous mêler, comme autrefois, aux danses et aux parties de plaisir. Le meilleur moyen pour regagner l'affection de votre femme est de la rendre fière de vous; une fois son amour-propre en jeu, soyez certain qu'elle sera bientôt toute à vous.

Il me suivit la tête basse, comme un enfant grondé, mais tout heureux au fond d'espérer que son étourderie n'aura pas de suites. On dansait au salon, on dansait sur la terrasse illuminée par des guirlandes de lanternes vénitiennes suspendues aux troncs des palmiers, dont la tête auréolée se perdait dans la lumineuse sérénité des nuits napolitaines. Au moment d'entrer dans l'aire éclairée du bal, Raoul me retint par le bras et s'arrêta un instant, plus ému sans doute que la première fois qu'il avait dansé sur cette même terrasse avec la jeune marquise.

Elle venait de terminer un quadrille et, s'éventant avec son petit mouchoir de dentelles, s'était adossée à deux pas de nous, contre la balustrade de marbre, sondant vaguement l'obscurité du parc de ses deux grands yeux qui brillaient d'un feu sombre, comme si son cœur inassouvi eût cherché quelques jouissances inconnues dans l'insaisissable au-delà.

Elle était admirablement belle ainsi et je sentais Raoul trembler à mon bras comme les longues feuilles de l'eucalyptus agitées par la brise embaumée de l'île.

Un jeune homme platement maniéré s'approcha d'elle et lui adressa quelques phrases de galanterie, soulignées d'un sourire libertin.

Elle jeta sur lui un regard distrait, répondit quelques mots banals, puis retomba dans sa rêverie muette.

— Allons, dis-je à Raoul en le poussant devant moi, un peu de courage ; invitez-la à valser.

— Il fit quelques pas timides, puis s'inclinant devant elle :

— Madame la marquise, lui dit-il humblement, voudrait-elle m'accorder la première valse ?...

— Elle avait tressailli et le considérait stupéfaite ; puis jetant avec une sorte de violence ses deux mains autour de son cou, elle s'abandonna à son étreinte et s'élança en tournant avec lui sur le sable grisâtre des roches pithécusiennes.

— Allons ! m'écriai-je joyeusement, rien n'est perdu, elle l'aime encore !

IV

Nous partîmes le lendemain matin pour Cumes ; il avait été décidé que les fouilles seraient immédiatement reprises, que Raoul passerait toutes ses journées sur le continent à diriger, comme autrefois, ses ouvriers, et rentrerait chaque soir à Val-d'Aranci pour l'heure du dîner. Sa petite yole américaine, étroite et allongée comme un fuseau, volait plus qu'elle ne glissait sur la crête des lames méditerranéennes, et ses quatre robustes rameurs se vantaient parfois de ne mettre guère plus d'une heure à franchir le long trajet de Cumes à Ischia, véritable tour de force dont ils se montraient à bon droit très-fiers.

Le soir, Raoul revenait prendre sa part des fêtes qui continuaient à Val-d'Aranci ; il y apportait un visage rayonnant désormais de l'espoir d'une réussite prochaine et surtout de l'intime satisfaction du travail accompli, ce remède souverain de toutes les peines morales.

Il n'avait guère lieu cependant d'être satisfait de ses efforts archéologiques, et le résultat de ses recherches était loin de répondre à son attente. Cette terre de Cumes, jadis si féconde et qui avait si libéralement livré ses trésors aux premiers coups de pioche de son jeune investigateur, semblait mainte nant les cacher avec un soin jaloux; c'est en vain que les tranchées s'allongeaient chaque jour et que les vagonnets emportaient à la mer des monceaux de déblais; nul vestige intéressant ne surgissait plus de ces ruines désormais muettes; autant aurait valu fouiller le sable de la mer ou les déjections récentes du Vésuve.

Raoul ne se décourageait pas; l'amour du travail le reprenait peu à peu, et cet état particulier de l'âme qu'on a justement appelé la fièvre de l'archéologue se dessinait chaque jour davantage en lui. J'avais voulu d'abord l'accompagner et le seconder quelque peu dans ses travaux, mais il avait opiniâtrément refusé, alléguant qu'il voulait faire une surprise à sa femme en lui annonçant un beau matin quelque superbe découverte et que mes absences continuelles finiraient par exciter des soupçons. Sous cette raison plus que spécieuse j'avais cru entrevoir un peu de cette jalousie dont les savants les plus modestes et les plus humbles entourent toujours leurs travaux, et je n'avais pas insisté, me contentant d'aller de temps à autre passer une journée à Cumes pour juger par moi-même du résultat de ses efforts.

J'étais, d'ailleurs, très-retenu à Val-d'Aranci où l'on menait fort joyeuse vie. Ce n'était chaque jour que parties nouvelles, excursions en mer dans des barques pavoisées, dîners champêtres dans les sites les

plus délicieux, réceptions dans les villas
voisines, bals et fêtes de tous genres. Je re-
marquais avec une joie croissante que la
jeune marquise, souvent rêveuse, semblait
se dégoûter peu à peu du tourbillon du
monde ; un retour d'affection pour son mari
s'accusait chaque jour chez elle par des
marques non équivoques. J'étais certain
qu'elle savait depuis longtemps, bien qu'elle
n'y fît jamais allusion par un seul mot, à
quoi s'en tenir sur les absences quotidiennes de Raoul, et ses regards chargés de gra-
titude me montraient clairement qu'elle
m'attribuait toute la cause de ce changement de conduite.

Un jour, Raoul était parti comme de coutume pour Cumes ; la matinée avait été très-
belle, mais exceptionnellement chaude et
lourde ; vers midi, de gros nuages s'étaient
peu à peu rassemblés de tous les points du
ciel et avaient formé au-dessus de l'Epoméo
une sombre coupole qui s'élargissait à chaque instant ; on entendait courir sur la mer
de sourds mugissements, comme les éclats
d'un tonnerre lointain, et le contraste de
l'obscurité répandue sur l'île avec les parties de la Méditerranée fortement éclairées
au large par un soleil de plomb produisait
une impression lugubre.

Il y avait peu de monde en ce moment à
Val-d'Aranci ; chacun, prévoyant l'immi-
nence d'un de ces orages si terribles dans
les régions chaudes, était resté dans le petit
parc, sans s'éloigner de la *palazzina*.

Le ciel se couvrait de plus en plus et les
premières rafales, ridant la surface tran-

quille de la mer, vinrent bientôt chanter dans les cimes ébranlées des eucalyptus. Je rentrais au château lorsque j'aperçus Mme di Lecco, debout au plus haut balcon de la grande tour, qui examinait anxieusement avec une jumelle marine l'horizon du nord.

Que pouvait elle regarder ainsi ? Le souvenir me vint tout d'un coup que Raoul devait être en route pour revenir de Cumes dans son embarcation trop fragile pour supporter les assauts d'un pareil orage, et je voulus espérer que la prudence l'aurait retenu jusqu'au lendemain sur le continent. Plein d'inquiétude cependant, je courus rejoindre Mme di Lecco sur son observatoire aérien du haut duquel on découvrait, pardessus les collines rocheuses qui séparent le cratère de Val-d'Aranci de la pleine mer, tout l'immense horizon jusqu'à Gaëte et au promontoire de Circé.

En m'entendant entrer, Mme di Lecco se précipita vers moi et me saisissant les deux mains avec une violence surhumaine :

— Il est perdu ! s'écria-t elle, et elle éclata en sanglots.

Bien loin à l'horizon, noyé dans les reflets lugubres des teintes ardoisées qu'avait prises la mer, s'agitait un point noir, tantôt disparaissant entre deux montagnes d'eau, tantôt lancé au sommet des lames grandissantes. C'était la barque de Raoul.

Sur cette partie de la côte, et dans le golfe de Naples, les orages sont terribles. La mer, coupée d'îles et creusée çà et là de chenaux profonds, est démontée par des lames qui se brisent en tous sens ; les courants se précipitent dans les étroites passes; ils viennent s'ajouter aux remous locaux et à la violence du vent qui s'engouffre entre les pitons volcaniques pour produire des tourbillons terribles. Il semble que les mauvais temps soient d'autant plus redoutables dans ces parages, qu'ils sont plus rares et de plus courte durée. Surprise par eux, une embarcation légère comme celle que montait Raoul sera infailliblement brisée contre les falaises de l'île, si elle n'est pas coulée en pleine mer, submergée par la violence des lames entre-choquées.

Mᵐᵉ di Lecco, qui connaissait mieux que moi les redoutables dangers de cette côte, s'était agenouillée éperdue et adressait à la madone une fervente prière. Moins effrayé qu'elle, je m'imaginais qu'elle se grossissait le danger et ne savais comment la rassurer; de temps en temps, elle se redressait pour suivre avec sa longue-vue le petit point noir qui paraissait dans le champ de la lunette effroyablement ballotté, puis elle quittait l'instrument, comme si ce spectacle eût dépassé ses forces, et levait vers le ciel de plus en plus menaçant des regards désespérés.

— Allons, priez, lui dis-je, que pouvons-nous faire de plus ?...

— Mon Dieu ! s'écria-t-elle en se tordant les mains :

Quand la vague a blanchi sur la côte écumante
A l'étoile des mers j'ai murmuré ton nom,
J'ai rallumé sa lampe et de ta seule amante
L'amoureuse prière a calmé l'aquilon.....

Cependant, la barque de Raoul grossissait peu à peu, se rapprochant de la terre sous l'impulsion de ses rameurs, dont nous pouvions maintenant distinguer les vigoureux efforts ; sa situation, il est vrai, devenait de plus en plus périlleuse, tant à cause de la violence des rafales, qui augmentaient sans cesse, que du ressac de la côte ; la frêle embarcation, horriblement secouée, dansait comme une coquille de noix et disparaissait complètement par intervalles entre deux vagues. Elle avançait pourtant toujours, et nous allions bientôt la perdre de vue, cachée qu'elle serait à nos yeux par les collines de basalte jusqu'à son entrée dans le petit havre, lorsqu'une lame énorme vint la coucher sur le flanc, et, avant qu'elle ait eu le temps de se redresser, une seconde vague la prenant par le travers la renversa sens dessus dessous.

Mᵐᵉ di Lecco s'affaissa sur elle-même en se cachant le visage de ses deux mains et se mit à pleurer silencieusement.

C'en était fait de Raoul et de ses compagnons, lorsqu'une grosse barque de pêche, cachée jusque-là pour nous par les falaises de la côte, déboucha de derrière un contrefort de rochers et accourut à force de rames aussi vite que le lui permettait sa lourde structure, sur le lieu du naufrage.

Un homme de haute taille se tenait debout à la proue et lançait devant lui de longues cordes auxquelles s'attacha bientôt une grappe humaine que les rameurs s'empressèrent de hisser au milieu d'eux.

Malgré la pluie qui commençait à tomber par torrents, nous nous étions précipités sur les bords du petit lac dans lequel le bateau sauveur venait d'entrer à l'abri des flots.

Son avant ferré s'enfonça dans le sable et M. Sommerhorn s'élança à terre, puis s'inclinant devant Mᵐᵉ di Leco, tandis que ses matelots débarquaient avec précaution Raoul évanoui :

— Il était temps d'arriver, dit-il tranquillement ; quelques secondes plus tard, et tout était fini ; heureusement qu'en rentrant de Procida, le vent m'a dévié de ma route et m'a conduit, malgré mes efforts, dans ces parages dangereux comme à dessein pour que je puisse sauver ces naufragés !...

V

L'accident de Raoul n'eut pas de suites fâcheuses pour sa santé. Le soir même il était complètement rétabli et dînait de grand appétit, prétendant que l'eau salée lui avait creusé l'estomac.

M. Sommerhorn, qui, depuis deux ans, n'avait plus remis les pieds à Val-d'Aranci, s'était modestement éclipsé au milieu de la confusion qui suivit son arrivée ; il revint le lendemain prendre des nouvelles de son naufragé, qu'il trouva gai et dispos au milieu du parc.

Raoul, en véritable Français qu'il était, avait complètement oublié ses rancunes et ses préventions d'autrefois contre son ancien rival ; il ne voyait plus en lui que son sauveur de la veille et l'accabla des témoignages de sa reconnaissance.

M. Sommerhorn se laissait faire, affectant une politesse exquise, une réserve respectueuse pour Mme di Lecco et une cordiale bonhomie envers tous. J'avais peine à retrouver, sous son masque doux et bon enfant, la personnalité violente et rude que m'avait dépeinte le journal de Raoul ; tant d'égalité dans le caractère d'une nature que l'on savait puissante et vigoureuse dénotait un homme complètement maître de lui-même et marchant avec une énergie indomptable vers un but déterminé.

M. Rettagliosi, en ce moment au château, vit avec grand plaisir son retour ; il l'estimait très-haut et avait toujours regretté de s'être indirectement brouillé avec lui ; aussi lui fit-il l'accueil le plus cordial et le plus empressé. Mme di Lecco, qui avait conservé pour son ancien adorateur une réelle sympathie et cette espèce de compassion timide qu'éprouvent les femmes pour ceux qui les ont aimées, se montra également plus que gracieuse envers lui ; bref, il se trouva du jour au lendemain, dans cette maison, sur un pied d'intimité plus grand qu'il ne l'avait jamais été.

Il reprit peu à peu l'habitude de venir passer ses soirées à Val-d'Aranci, puis bientôt une partie de ses journées ; c'était lui qui se chargeait des commissions pour Naples où « ses affaires » ? l'appelaient fréquemment ; il organisait les parties de plaisir, apportait les romans nouveaux, répétait les bruits de la grande ville, se faisait tout à tous ;et se donnait, en un mot, mille peines pour se rendre indispensable.

Raoul continuait avec une fiévreuse activité ses travaux de Cumes qu'une véritable ironie du sort rendait toujours improductifs ; il s'était repris d'enthousiasme pour eux ; ses goûts d'archéologue un instant effacés s'emparaient de lui avec une nouvelle puissance et il s'absorbait dans l'étude exclusive de la civilisation étrusque avec toute la ténacité des véritables savants.

M. Sommerhorn mettait à profit les absences quotidiennes de Raoul pour entourer sa femme d'une cour de jour en jour plus déclarée; elle acceptait ses attentions avec cette tranquillité mystérieuse, cette majesté de sphynx qui était l'un des plus grands attraits de sa beauté sculpturale et qui avait tant enivré Raoul alors qu'il commençait à l'aimer.

Je les observais l'un et l'autre à la dérobée avec une inquiétude croissante et me demandais souvent si je n'avais pas eu grand tort d'engager Raoul à reprendre ses occupations lointaines et à détourner ainsi de la place dont on recommençait le siège toutes les forces de son esprit qui n'auraient pas été de trop pour en assurer la défense.

Fallait-il lui ouvrir les yeux sur les dangers d'une situation dont il n'avait pas l'air de se douter ; devais-je m'efforcer d'éteindre ce beau feu pour le travail et la science que j'avais été si heureux de voir se rallumer, ou bien était-il mieux de laisser aller les choses sans chercher à mettre de nouveau la volonté humaine aux prises avec cette fatalité, qui avait si facilement jusqu'ici déjoué nos efforts ?

Telles étaient les indécisions dans lesquelles je me plongeais à loisir, tout en jouissant de la gracieuse amitié de la jeune marquise, de la charmante vie que l'on menait à Val d'Aranci et de la merveilleuse poésie de ces contrées divines que tant de voyageurs ne soupçonnent même pas, pour ne les avoir sottement visitées que pendant les tristes mois d'hiver. Cependant la fin de juillet approchait, et les plus douloureuses nouvelles de France vinrent coup sur coup nous arracher à notre douce quiétude.

La guerre avait été déclarée à la Prusse, les armées impériales vaincues, et une émeute impie grondait en face de l'étranger. Trop d'intérêts me rappelaient à Lyon pour que je pusse jouir plus longtemps de l'affectueuse hospitalité que m'offraient avec instances les châtelains de Val-d'Aranci. Je dus hâter mon départ et prier M. Sommerhorn, notre commissionnaire ordinaire, de retenir ma place à bord du prochain paquebot ; une barque me le mènerait rejoindre au large d'Ischia, à son passage devant Val-d'Aranci.

M. Sommerhorn revint tout soucieux, et il me semble le voir encore nous abordant sur la terrasse de la *palazzina* par une de ces resplendissantes soirées des premiers jours d'août.

— Les nouvelles sont graves, nous dit-il, excessivement graves ; la France est perdue ; mal préparée, travaillée par de honteuses dissensions intestines, elle est moins que jamais en état de résister à nos armées victorieuses ; la lutte sera longue sans doute et sanglante ; ce n'est certes pas moi qui voudrais prétendre que l'on viendra, sans peine, à bout de la « grande nation »; mais son dernier glas va sonner, et nous réunissons toutes nos forces pour frapper un coup suprême. Vous partez demain, ajouta-t-il en se tournant vers moi ; j'ai reçu l'ordre d'avoir rejoint mon régiment dans trois semaines ; ma présence en Italie est désormais inutile, et il paraît qu'on me prépare de l'ouvrage, et un rude ouvrage, dans les plaines de la Champagne ; quoi qu'il en soit, monsieur, — et il faisait un violent effort pour dissimuler un accent de triomphe et d'indomptable orgueil, — quoi qu'il en soit et lors même que nous soyons ennemis maintenant, lors même que nous devrions nous rencontrer un jour sur les champs de bataille ou dans les rues d'une ville assiégée, nous conserverons, je l'espère, l'un pour l'autre cette affection instinctive qui doit résulter de l'estime mutuelle et du souvenir des jours heureux que nous a donnés l'hospitalité de Mme di Lecco.

Celle-ci s'était levée frémissante :

— La belle et noble chose, s'écria-t-elle enthousiaste, que l'amour de sa patrie et la gloire des combats ! Vainqueurs ou vaincus, vous partez l'un et l'autre pour apporter à votre mère en péril l'appui de votre bras ou de votre intelligence, et je serais fière d'être la femme de l'un de vous !

L'allusion était trop transparente pour que Raoul ne la saisît pas ; il eut l'impardonnable tort de s'en irriter.

— Allons donc ! répondit-il avec une violence dangereuse, est-ce notre faute à nous si des gouvernants insensés ont précipité dans une guerre impie deux peuples faits pour travailler ensemble au bonheur commun de l'humanité ? Sommes-nous responsables des folies du petit nombre, nous qui n'y avons pas participé, qui les désapprouvons et les maudissons ? Pourquoi donc en porterions-nous la peine, pourquoi irions-nous, en révolte avec notre raison, avec nos instincts les plus nobles et les plus élevés, travailler à faire reculer la civilisation jusqu'aux invasions des barbares et anéantir en une heure les conquêtes de quinze siècles ?... Ce serait le plus honteux des crimes, en vérité ! et j'aime mieux l'assassin qui attend le voyageur au coin d'un bois et le frappe parce qu'il a faim, que l'ambitieux gorgé d'honneurs et de richesses qui fait périr de gaîté de cœur des milliers d'innocents et ruine des nations entières pour qu'on parle de lui dans l'histoire ; je me maudirais, si j'allais lui prêter un appui quelconque !... Qu'est ce donc, d'ailleurs, que la patrie pour qu'on lui sacrifie tout au monde ? La mienne n'a jamais été pour moi que la plus cruelle des marâtres et j'ai secoué sur elle à jamais, avec un indicible bonheur, la poussière de mes pieds ! *Non sum uni angulo natus ; patria mea totus hic mundus est !* Ma

patrie, c'est l'univers entier; Socrate déjà
l'avait dit et ceux-là n'ont droit qu'à la haine
et au mépris, qui cherchent à exciter les
hommes faits pour s'aider et pour s'aimer à
la destruction les uns des autres !

Si Raoul eût pu voir l'expression de satisfaction triomphante que revêtait à mesure
qu'il parlait le visage de M. Sommerhorn
et l'angoisse douloureuse, le blâme, la déception et la colère qui altéraient les traits
de sa femme, il eût été lui-même épouvanté
du résultat que produisait son intempestive
sortie ; mais absorbé par l'ardeur de sa con-
viction, il ne regardait que dans sa pensée.
Nul n'éleva la voix pour lui répondre et il ne
fut plus question de ces choses entre nous
ce soir-là.

Nous nous séparâmes tristement le lendemain, le cœur agité les uns et les autres de
sinistres appréhensions. La jeune marquise
voulut m'accompagner en mer avec son
mari jusqu'au passage du paquebot, et elle
me tendit ses joues veloutées en souhaitant
de toute son âme mon heureux retour et la
victoire pour la France, sa seconde patrie ;
longtemps je restai sur le pont du vapeur à
regarder son mouchoir blanc qui s'agitait
en signe d'adieu, jusqu'à ce que le canot qui
la portait s'évanouît dans l'azur éblouissant
de la mer de Naples et que les hautes montagnes d'Ischia, où j'avais passé de si belles
journées, s'enfonçassent elles-mêmes peu à
peu sous les flots.

VI

Le 4 septembre avait ruiné la France et l'Empire. Lyon, aux mains d'une horde d'émeutiers qui ne savaient quelles violences commettre, car nul n'avait l'idée de provoquer une guerre civile en face de l'ennemi en leur résistant, Lyon attendait de jour en jour les premiers uhlands précurseurs d'un siége et la destruction qui en serait la conséquence immédiate. A l'orgueilleuse confiance des premiers jours, à l'incrédulité qui suivit les premières défaites, à l'espérance tenace qui ne disparut que lentement, avaient peu à peu succédé le découragement le plus profond, le désir d'une paix nécessaire, la haine et la crainte de l'ennemi du dedans, plus redoutable encore que l'étranger.

Un matin de novembre, on sonna à ma porte ; à chaque instant on s'attendait à apprendre quelque nouveau malheur, et ce fut le cœur serré d'une lugubre appréhension que je vis entrer un homme de haute taille revêtu de la chemise rouge et de l'uniforme garibaldien.

Son visage me rappelait vaguement des traits gravés dans ma mémoire, mais si effacés, que je restais interdit, cherchant en vain dans quelle circonstance je l'avais rencontré. Après quelques instants d'hésitation pénible :

— La douleur change donc bien, dit-il à voix basse, que vous ne me reconnaissez pas ?

— Raoul! m'écriai-je, vous, ici, et sous ce costume! Qu'est-il donc arrivé, grand Dieu !

— Oui, me dit-il, lentement et comme étonné du bruit de ses paroles, c'est moi, c'est bien moi qui viens prendre part à une lutte fratricide et y chercher la mort, que j'espère et que j'attends... Vous souvient-il, ami ? Je vous disais autrefois que le combat pour la vie me trouvait sans forces et sans courage... Eh bien! ce combat est fini aujourd'hui; ce qui reste de moi n'est plus qu'un fantôme qui survit à sa propre mort... La mort... n'est-ce pas là le seul refuge que l'on puisse espérer dans les jours affreux que nous traversons!... Oh! si vous saviez toutes les horreurs que j'ai déjà vues, toutes celles auxquelles j'assisterai encore!... Ah! j'ai trop vécu!...

Et s'affaissant sur un siége, il se prit à sangloter comme un enfant.

— Il faisait si beau quand nous nous sommes quittés ! continua-t-il en italien; je l'aimais tant, mon Dieu !... Elle était ma joie et ma vie; mon cœur ne battait que par elle et pour elle... La veille encore, nous échangions de tendres caresses et de doux baisers .. Je revenais tout joyeux de Cumes, lui apportant le premier résultat de mes longs travaux .. C'était pour elle, tout cela, comme mon existence entière, et l'impatience, le plaisir de la surprise que je lui préparais me faisaient trouver bien longues les heures du retour... Que ne durent-elles encore, mon

Dieu ! ou plutôt que la mer ne s'est-elle entr'ouverte comme la première fo s pour m'engloutir à jamais dans son calme éternel, où dorment tant de douleurs!... Je n'aurais pas connu ces ineffables souffrances, je n'aurais pas trouvé mon foy r désert au retour, un silence de mort planant sur ma demeure et mon bel ange envolé, ma Guendalina adorée partie, enlevée par cet homme qui me l'a méchamment volée... Oh ! le cruel !... Que lui avais-je fait pour me déchirer ainsi !...

Atterré par la nouvelle d'un événement que je m'étais toujours refusé à croire possible, je n'osais interrompre le cours de ses larmes et l'explosion d'une douleur déchirante.

— C'est la première fois que je puis pleurer, reprit-il doucement, depuis près de trois mois qu'elle est partie; les huit premiers jours, je crois que je suis resté dans un état de folie complète, — le coup était si brusque et si cruel!... — et sans don Egidio, je ne serais probablement plus en vie à l'heure qu'il est... Il a bien fait de prolonger de quelques jours une existence qui sera consacrée désormais tout entière à se venger... sinon sur *lui*, hélas!... du moins sur tous ceux qui appartiennent à cette Allemagne abhorrée!... Ah! je ne voulais pas la guerre; je la détestais et la maudissais; mais elle m'a préféré les galons d'or, les éperons et le casque pointu d'un officier; eh bien! moi aussi, je ferai le mal à mon tour et je me réjouirai de penser que je travaille avec les fléaux de Dieu!... Pendant

deux mois, je me suis mis à leur poursuite ;
je les ai suivis à travers toute l'Allemagne ;
je voulais le tuer et mourir après aux pieds
de l'ingrate que j'aime toujours ; mais où les
retrouver?... puis bientôt on a fini par savoir que j'étais Français d'origine et l'on m'a
reconduit à la frontière... Alors, je me suis
engagé avec mes camarades d'Italie parmi
les francs-tireurs garibaldiens..... Ce qui
s'est passé dans les horreurs de ces camps
improvisés, les atrocités dont j'ai été le té-
moin muet et désespéré, nul ne les connaî-
tra jamais... Mais que m'importe, aujour-
d'hui?... le mal que je vois faire à autrui
me semble une juste compensation de mes
propres souffrances... Je le cherche toujours, *lui*, et si jamais, sur un champ de bataille ou caché derrière un buisson, je l'a-
perçois à portée de ma carabine, quelle
ivresse, mon Dieu!... alors je pourrai mourir content et répéter comme le sage antique :

Vixi et quem cursum dederat fortuna peregi !

Il s'arrêta épuisé, tandis que je le consi-
dérais tristement sans oser troubler par des
consolations banales une si profonde douleur. Voilà pourtant où la destinée avait
conduit cette âme d'élite trop délicate, trop
enthousiaste et trop naïve pour soutenir les
rudes combats de la vie, qui la rejetaient
brisée dès les premiers assauts !... Sans
doute, sa femme était bien coupable, mais

n'était-ce pas un peu sa faute à lui ? N'a-
vait-il pas réuni comme à plaisir toutes les
erreurs qui pouvaient la détacher de lui ?
Alors qu'elle aimait le monde, la gloire et
les honneurs, n'avait-il pas refusé, avec une
confiance en son amour et un aveuglement
sublimes, s'ils n'eussent été insensés, de satisfaire aucune des aspirations de sa jeunesse, qu'elle avait espéré voir se réaliser
en lui ?... Avec l'ardent enthousiasme de sa
nature, il s'était abandonné tout entier à sa
passion pour elle, croyant que cette passion
se suffirait éternellement à elle-même ; il
avait été ce que le monde appelle un naïf,
c'est à-dire que le soupçon du mal n'avait
pas même effleuré son intelligence et il en
était assez cruellement puni pour que je n'a-
joutasse pas l'ombre même d'un blâme à sa
douleur.

Je le vis partir presque avec joie, espérant
que la vie militante qu'il allait mener, les
émotions de la guerre et jusqu'aux répu-
gnances de sa nature délicate qu'il faudrait
surmonter dans la licence des camps appor-
teraient une salutaire diversion à ses chagrins.

Il s'en alla rejoindre l'armée de l'Est, en-
sevelie au milieu des neiges du Jura, et je
restai pendant deux mois sans aucunes nouvelles.

Février arriva enfin et avec lui cette paix
tant désirée. L'armée de l'Est s'était éva-
nouie sous les rigueurs d'un hiver épouvan-
table ; la France épuisée respirait dans un
instant d'accalmie entre la guerre étrangère
et les discordes intérieures ; les servi-

ces publics interrompus reprenaient peu à peu leur marche ordinaire, et je reçus un matin par la poste un pli volumineux, couvert d'une multitude de timbres humides attestant les longs détours qu'il avait dû faire pour me parvenir.

L'adresse était de la main de Raoul. Je déchirai plutôt que je n'ouvris l'enveloppe et dévorai des yeux les lignes suivantes :

VII

Château de B*** (Jura), janvier 1871.

C'est la dernière fois, ami, que vous entendrez parler de moi. Je touche enfin à ce repos éternel que j'ai tant désiré, que j'appelle encore de tous mes vœux, si du moins on peut y trouver l'oubli... Demain, à l'aurore, je dois mourir, mais non pas sans m'être vengé... Laissez - moi passer avec votre souvenir, avec celui de la seule affection vraie que j'aie jamais connue sur la terre, ces dernières heures qu'il ne me servirait à rien d'abandonner au sommeil; j'aurai assez le temps de dormir demain !...

Chassés la baïonnette aux reins, après des semaines d'une lutte impossible, insensée et plus fatale à la France qu'à nos ennemis, nous sommes arrivés ce matin, un gros de soldats de toutes armes, débandés, découragés, démoralisés, harassés, dans ce vieux

château de B***, dont les antiques fortifica-
tions démantelées nous permettaient de dormir au moins une nuit un peu plus à l'abri
qu'en plein champ.

Une douce surprise, la dernière de ma
vie, m'y attendait ; j'ai retrouvé dans son
gardien un vieux serviteur de mon enfance,
ancien matelot blessé au service de mon
père, et dont nous avons dû nous séparer
comme de tant d'autres choses à l'époque
de notre ruine. Il pleurait de joie et d'atten-
drissement, le pauvre bon vieillard, en re-
connaissant son petit Raoul, en le voyant
plus vieilli par les fatigues et les chagrins
que par cent années d'existence... Sa présence adoucira mes derniers moments et me
permettra de vous faire savoir que mes dernières pensées ont été pour vous .. pour
vous et. . pour elle...

Accablés des fatigues d'une lutte surhumaine, plus affamés encore de sommeil que
de pain. nous commencions à peine à fer-
mer les yeux que les sourds roulements de
la fusillade vinrent nous arracher au repos. Un escadron d'ennemis, débouchant
derrière les massifs du parc, traversait au
galop les pelouses couvertes de neige et se
précipitait à l'assaut du château. Nos fusils
encrassés, rouillés par le givre et la neige,
faussés par les accidents de la campagne,
ne firent parmi eux que d'insignifiants ra-
vages. Mettant pied à terre à l'abri d'une
terrasse, ils se ruèrent contre les portes
fragiles, qui volèrent en éclats sous les premiers heurts des crosses, et la lutte com-

mença à coups de revolver et d'épée dans les salons et les appartements du château.

Il fallait se rendre ou mourir. Se rendre... n'était-ce pas encore mourir pour la plupart d'entre nous, francs-tireurs, que l'on fusillait comme des bandits ?...

La lutte continuait, lutte inégale et sans espoir, au milieu de la fumée et des meubles brisés. Quelques soldats de l'armée régulière, pris à revers entre deux feux, avaient capitulé, sanglants et couverts de blessures; les autres s'enfuyaient; je les suivis à travers un dédale de chambres et de corridors obscurs où je m'égarai bientôt et qui me conduisirent sur la seconde façade du château, dans une serre épargnée par l'attaque et dans laquelle des orangers et des gardénias fleuries vinrent me rappeler mes beaux jours d'Ischia par leurs parfums pénétrants.

Ce fut un éclair. En face de moi, par la porte opposée, entrait un officier prussien, l'épée nue et sanglante à la main.

Un cri de rage et de bonheur s'échappa de ma poitrine. C'était *lui*, lui, comprenez-vous, ami ? C'était lui, et nous étions seuls !... Le jugement de Dieu allait enfin se prononcer entre nous !

Il ne me reconnut pas d'abord, et apercevant, lui vainqueur, un misérable Français, il s'écria d'une voix hautaine :

— Vous avez la vie sauve ! Vous êtes mon prisonnier !

J'avais jeté mon fusil; mon revolver était déchargé, mais il me restait encore mon

épée, qui pour la première fois allait sortir
du fourreau.

En me voyant dégaîner et bondir sur lui,
la mémoire sembla lui revenir; il poussa
comme un cri de terreur et recula en abais-
sant son épée.

— En garde, misérable! lui criai-je; en
garde!

Et je fondis sur lui la main haute.

Pour la première fois de ma vie, vous le
savez, ami, je touchais une épée; la sienne
sauta dans sa main et se releva droite en
face de moi; les deux pointes se heurtèrent,
il en jaillit un éclair, et mon bras s'avança
comme dans le vide, jusqu'à toucher sa poitrine.

Il tomba lourdement à la renverse sur un
massif d'arbustes qu'il écrasa sous son poids.

— Où est-elle, m'écriai-je, malheureux!
Qu'en as-tu fait?...

Il ouvrit les lèvres pour parler; un flot de
sang noir s'en échappa avec un sourd gé-
missement; ses yeux se fermèrent, il était
mort.

Le croirez-vous? j'eus horreur de
ce que je venais de faire... Ah! l'affreuse
chose que la vengeance! Je m'appuyai dé-
faillant au pied d'un oranger et la nuit se fit
autour de moi...

Ses compagnons arrivèrent... On m'a
fermé dans une salle basse du château, et
l'on est venu m'annoncer tout à l'heure que
je serai fusillé demain, au point du jour...

Et voilà quelle aura été la triste fin d'une
vie plus triste encore... Ne me pleurez pas,
ami; n'est-ce pas l'oubli, le repos, le bon-

heur que je vais trouver dans ce mystérieux *au-delà* auquel nous avons tant de fois rêvé ensemble ?

Si jamais vous la revoyez, Elle, dites-lui... dites-lui que je l'ai bien aimée... que, malgré tout, je l'aime encore...; dites-lui que ma dernière pensée aura été pour elle un souvenir de miséricorde et de pardon... Et si parfois elle donne une larme à ma mémoire, dites-lui que mes os en tressailleront dans ma tombe ; dites-lui que mon dernier vœu aura été pour son bonheur et pour qu'elle puisse trouver un époux qui la rende plus heureuse que l'infortuné qui l'a tant aimée...

Déjà l'aube blanchit à l'horizon et les sapins frissonnent sous la brise matinale; le soleil qui se lève, c'est ma vie qui s'en va... Un dernier mot, ami, une dernière prière... une folie, mais on pardonne peut-être aux mourants d'être superstitieux...

Il me répugne de penser que je dormirai à jamais dans ce pays inconnu, sous cette neige glacée qui recouvre la terre comme un linceul lugubre... je voudrais reposer dans cette île charmante, sur ces rivages embaumés où mon cœur s'est épanoui au soleil du Midi pour tant souffrir et tant aimer... Si c'est possible, laissez-moi vous demander de transporter mes cendres à Val-d'Aranci... La maîtresse de ces lieux où j'ai vécu en quelques années plus qu'une vie humaine ne refusera peut-être pas l'hospitalité à un tombeau, souvenir muet des amours d'autrefois et il me semble que je mourrai moins malheureux si j'emporte l'espérance de reposer à jamais auprès d'elle...

RAOUL.

VIII

Le printemps commençait à reverdir les prairies fécondées par le sang de nos soldats lorsque j'arrivai à B*** pour remplir les derniers vœux de mon malheureux ami. Le vieux Simon, le gardien du château démantelé m'accueillit en pleurant et me conduisit dans le parc, à l'endroit solitaire où il avait déposé les restes de Raoul sous un tertre de gazon.

— Vous ne serez pas seul à prier sur sa tombe, me dit-il chemin faisant ; une dame est venue ce matin, qui m'a demandé de l'y conduire...

Agenouillée ou plutôt affaissée au pied du petit monticule de terre se tenait une femme en noir, comme écrasée sous le poids d'une douleur sans nom.

Au bruit de notre approche elle se retourna... C'était Mᵐᵉ di Lecco...

Elle se redressa d'un bond ; un cri déchirant s'échappa de sa poitrine et elle tomba dans mes bras fondant en larmes, anéantie par un désespoir au-dessus des forces humaines.

Bientôt la vie lui revint avec des spasmes de souffrance.

— Raoul ! Raoul ! s'écriait-elle en se précipitant à genoux et en se roulant sur la terre humide ; Raoul éveille-toi, réponds-moi ! c'est ta femme tant aimée qui t'appelle, qui implore un mot, un seul mot de pardon... Oh ! dites-moi, poursuivait-elle en me regardant avec égarement, dites-moi que ce n'est pas vrai, qu'il n'est pas là, endormi à jamais sous cette froide terre... Dites-moi que c'est un rêve, un rêve affreux ; que vous l'avez vu, qu'il va venir, qu'il m'a pardonné et que nous partirons bientôt, que nous quitterons pour jamais cette contrée maudite !... Il fait si bon là-bas, par-delà les montagnes et les mers !... Nous pourrions être si heureux encore !... Je l'aimerais tant !... j'ai tant à expier... Mais non, non... c'est fini ; plus jamais je n'entendrai sa voix adorée qui me parlait d'amour, plus jamais je ne verrai ses grands yeux sombres qui plongeaient dans les miens avec une si enivrante passion !... Il est là, couché sous la boue et la neige ;... il n'entend ni ma douleur, ni mon repentir, ni mes larmes... Il est mort, et c'est moi qui l'ai tué... Oh ! mon Dieu ! mon Dieu !...

— Allons ! lui disais-je en la relevant, soyez courageuse, soyez forte ; ce sera le commencement de l'expiation... Je dois, d'ailleurs, apporter un grand soulagement à votre désespoir ; Raoul ne vous a point maudite... Il vous a pardonné en mourant ; il n'a pas cessé de vous aimer et il m'a chargé de vous transmettre ses derniers

adieux... Plus tard, quand vous pourrez les
entendre, je vous lirai ses dernières paroles,
les plus ardentes preuves d'amour qu'il vous
ait jamais données...

IX

Nous partîmes le lendemain pour Ischia.

Ce fut un triste voyage ; entre un tombeau
et une jeune femme affolée par la douleur,
qui n'avait presque plus conscience de ses
actions, je crus que nous ne verrions jamais
surgir à l'horizon les hautes pyramides de
l'Epoméo...

Enfin, nous touchâmes au port ; c'était
une fraîche matinée de printemps quand
nous arrivâmes à Val-d'Aranci, une matinée pleine de soleil, de parfums et de jeunesse, comme la première fois que j'étais venu
voir les deux jeunes époux dans tout l'éclat
de leur bonheur et de leur amour. Les oiseaux chantaient gaîment sous les bosquets
d'orangers, et cette nature insensible sous
son air de fête et son éternelle jeunesse semblait insulter à nos chagrins, au lugubre retour des derniers restes de celui qui l'avait
tant aimée.

Nous déposâmes le corps de Raoul sur la
rive de la grande mer, à l'entrée du petit
hâvre de Val-d'Aranci, dans une étroite an-
fractuosité des falaises de basalte qu'ombra-
geait la maigre ombelle d'un pin chétif et

où il aimait jadis à venir s'asseoir pour entendre chanter la brise marine dans le feuillage harmonieux de l'arbuste, et mugir les
grondements de la vague qui se brisait en
gerbes d'écume à ses pieds.

Nous plantâmes sur sa tombe une touffe
de ces gardénias qui avaient si poétique-
ment embaumé ses tristes amours, et une
petite croix de marbre de Carrare, dont la
blancheur s'enlève sur la teinte sombre des
rochers fut le seul signe qui rappelât au pêcheur croisant dans ces parages déserts,
qu'une existence agitée et misérable est venue chercher sur ce promontoire aride l'éternel repos.

X

L'été dernier, je retournai à Ischia. Ma
première visite, en débarquant à l'anse de
Casamicciola, fut pour le tombeau de mon
ami; un pêcheur me conduisit, par mer,
jusqu'au havre de Val-d'Aranci, et sa barque put attérir au pied des falaises. Je gravis lentement la paroi escarpée jusqu'à la
corniche étroite où reposent les restes de
Raoul; rien n'avait changé dans ce domaine, qui fut le sien; il semblait que les
années n'eussent pas osé imprimer leur
trace sur ces lieux maintenant solitaires et
que les pluies d'hiver n'eussent pas même
éraillé l'éblouissant poli de la petite croix

de marbre blanc. Seule, la touffe de gardénias que nous avions plantée sur sa tombe
avait développé, en dépit des assauts de la
brise de mer, une végétation luxuriante et
embaumait l'atmosphère de ses suaves parfums.

Je contournai l'escarpement de la falaise
et pénétrai dans le petit parc, qui semblait
abandonné des vivants. N'était-ce pas une
ombre que ce vieillard cassé et blanchi qui
s'avançait lentement à ma rencontre et paraissait glisser plutôt qu'il ne marchait sur
les pelouses? J'avais peine à reconnaître
don Egidio tant il était vieilli, courbé et
proche du tombeau. Il m'étreignit silencieusement, tandis que deux grosses larmes
coulaient lentement sur ses joues ridées.

— Et *la signora?* lui demandai-je.

— Venez, me répondit-il, vous allez la
voir.

Au plus haut étage de la grande tour, assise sur le balcon d'où nous avions vu jadis
la barque de Raoul s'abîmer sous les flots,
se tenait Mme di Lecco, vêtue comme toujours de mousseline blanche, mais pâle,
morne et sans vie ; son visage avait plus
que jamais cette pureté sculpturale qui la
faisait ressembler à une statue grecque, et
l'on se demandait en la voyant si ce n'était
pas quelque nouvelle Galathée incomplète-
ment animée par l'amour d'un Pygmalion.

En m'entendant entrer, elle se leva lentement, vint à moi et me prenant les mains,
fixa longtemps sur mon visage deux grands
yeux hagards qu'animait une espérance
inquiète. Puis secouant la tête avec décou-

ragement, elle retourna s'asseoir et regarder immobile, à l'horizon lointain, le promontoire de Circé et les longues plages basses de Cumes, d'où elle guettait jadis le retour de celui qu'elle avait tué.

Don Egidio passa sur ses yeux sa main brunie.

— Et voilà, me dit-il, le châtiment !

Cannes-Lyon, juin-décembre 1875.

———

ENVOI

A Madame L. de F***.

Madame,

C'est à Cannes que la plus grande partie de ce livre a été écrite. C'est sur les rives enchanteresses de cette Méditerranée d'azur qui vous rappelait les horizons lointains de votre île natale, c'est au retour de nos longues promenades à la Napoule, à Vallauris, aux îles de Lérins et surtout au cap d'Antibes que la plupart de ces scènes ont été, sinon conçues, du moins coordonnées et développées.

*En vous priant d'en accepter l'hom-
mage, je ne fais que déposer à vos pieds
une œuvre dont l'inspiration vous appartient tout entière et dont vous avez bien
voulu encourager l'exécution. Si cette dernière vous paraît trop indigne du charmant idéal de grâce et de poésie que vous
m'avez fait entrevoir, n'en accusez que
l'insuffisance de votre très-humble et très-
respectueux serviteur,*

E. PÉLAGAUD.

(Extrait du *Salut Public*. — Juin-Juillet 1876.)

Lyon.— Imp. du Salut Public.— Bellon, r. de Lyon, 33.

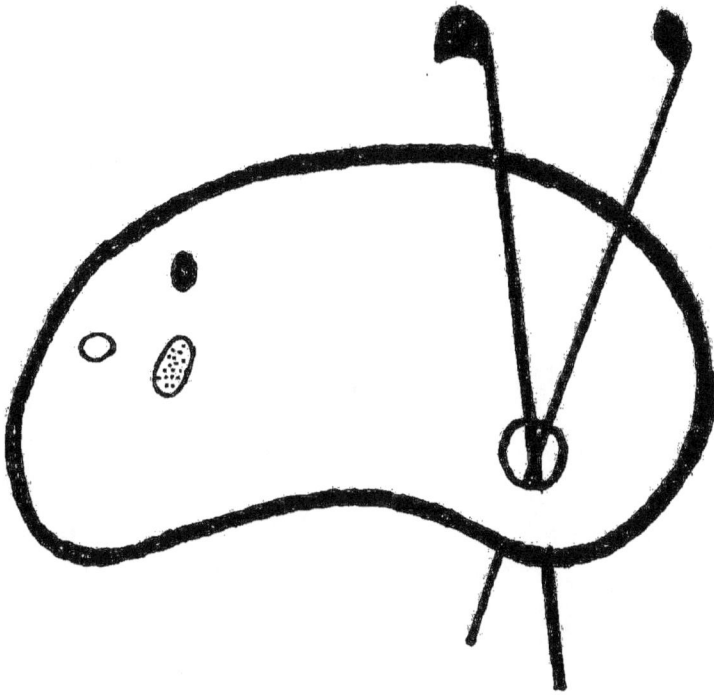

ORIGINAL EN COULEUR
NF Z 43-120-8

www.ingramcontent.com/pod-product-compliance
Lightning Source LLC
Chambersburg PA
CBHW071954090426
42740CB00011B/1932